インバウンド需要をチャンスに変える!

民泊×不動産投資

新山彰二

Arayama Shouji

プラチナ出版

新築

ピンチを乗り越えた投資術

民泊の実績を元に始めた
不動産投資で、コロナ禍でも
資産を10倍に増やした物件の
コーディネート実例です。

民泊

転貸

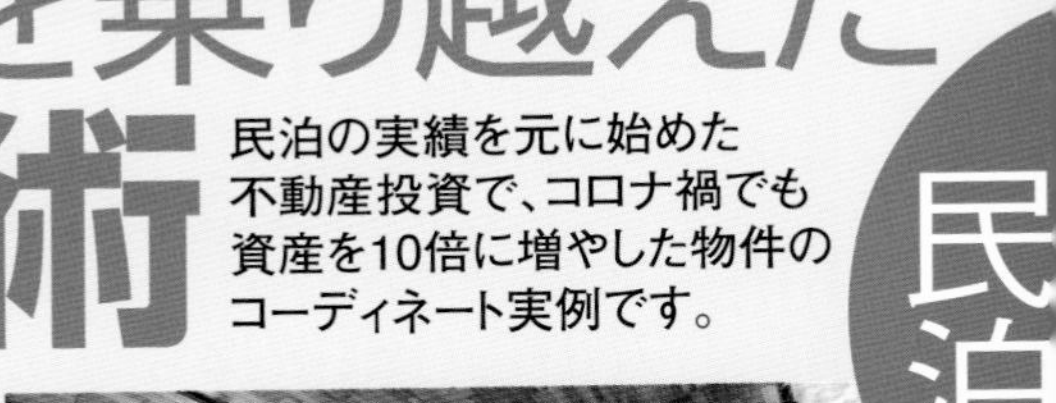

築古再生

廃墟だった外観に格子を
入れてオシャレに

民泊

抜けない柱を生かし
リビングとキッチンに分割

真ん中の邪魔な柱に
光の装飾を入れてアクセントに

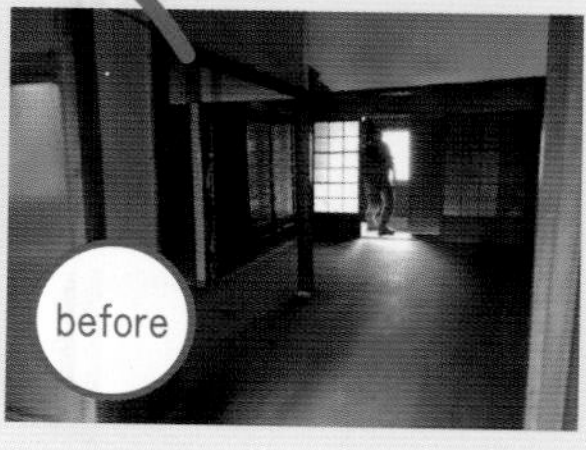

不動産投資

民泊の経験を生かして
空室のステージングにも応用

はじめに

はじめまして。**新山 彰二（あらやま しょうじ）**と申します。

私は現在、関西や北海道を拠点に**不動産賃貸業（大家）**をしながらも、大阪では特区民泊の許可を取得して**民泊事業**を行っています。

そのほかにもパウダースノーで有名な北海道のニセコに近いルスツや、国外でも共同で宿泊業を進めるといった、いくつかの収入の柱を持っていますが、ここ最近は特に**宿泊業が勢いよく伸びている状況**です。

具体的には、2023年1月の宿泊業の売上は500万円強。この数字は**コロナ前の業績を超えて過去最高売上を更新**しました。コロナ前のインバウンド需要といえば爆買いなどが有名になった中国人観光客の存在が大きいですが、中国客がまだ訪日していないにもかかわらず、高い売上をキープしています。

2022年10月11日に、個人のインバウンドが解禁されて以来、徐々に予約が増えていまして、普段からホテルを利用している方は実感されていると思いますが、宿泊単価もコロナ禍と比べると桁違いに高くなっています。物価高の影響も受けていますが、**圧倒的な宿泊ニーズの強さ**を感じています。

そして、2023年2月には、いよいよ中国が海外への団体旅行を解禁。新型コロナウイルスの流行で2020年1月に停止して以来、約3年ぶりのことです。

中国人観光客のニーズがどこまで伸びるかわかりませんが、**ここからさらに予約が増えることが予測**されています。これは私だけに限らず、宿泊業をやっている方なら、皆さん同じような状況ではないでしょうか?

振り返ればこの数年間、多くの業界が新型コロナウイルス感染拡大の影響を受けました。そのダメージは甚大で、**私の本業だった宿泊事業も苦戦**を強いられました。

詳しくは本文に譲りますが、2019年の末に私は大阪で大型物件をオープンさせています。売上が順調に伸びて喜んでいたタイミングにコロナ禍に突入。まさに天国から地獄で、あっという間に月々の家賃の支払いすら厳しい状況に陥りました。

まわりを見渡せば、完全撤退する人も多くいましたが、私は宿泊業を存続しつつも規模縮小し、**不動産投資での規模拡大**に舵を切りました。宿泊業がヒマになったぶん、時間を注ぎ込み力を入れた結果、不動産賃貸業だけでも満室想定賃料は年間8000万円まで伸び、**コロナ前と比べると約10倍**になりました。

民泊&不動産関連のコミュニティー事業も、低単価のため売上&利益はそこまで多くないものの、コロナ禍の厳しい時期も乗り越え、**全国各地で200人近くの方に参加**いただいています。

不動産売買も売上は好調で、2022年度はこれらすべての事業を併せて**年商2億3000万円**ほどになりました。2023年は不動産の規模も増え、民泊も好調なのでさらに伸びることでしょう。

思い返せば、私はつい10年前まではとりたてて実績もない、ごく平凡なサラリーマンで、ブラック企業に勤めながら疲弊していました。独立後も事業に失敗して、**500万円の借金を抱えたこと**もあります。

そんな自分の大きな転機になったのが、この本のテーマである**《民泊》**と**《不動産》**の組み合わせでした。不動産投資で成功している人は少なくありませんが、スルガ銀行の不正融資問題などもあり、属性の低いサラリーマンや、自己資金が少なく実績がない人にとってこれから始めるのはハードルが高い状況でしょう。

そうしたなかで、まずは**《民泊で実績を積み》**その実績をもとに、**《不動産投資を拡大していく》**というのは、コロナ明けで宿泊事業全体が盛り上がっている現在なら、再現性のある方法です。

本書は、２０１７年に**「特区民泊で成功する！ 民泊のはじめ方」（秀和出版）**を出版して以来、６年ぶりとなる本です。不動産投資を13年前、民泊を8年前に始め、民泊の法整備からコロナ禍を経て私自身もさまざまな経験を積み、多くのノウハウを得ました。

将来の不安から副業を始めてみたい方。不動産投資を始めたけれど、どうも思うように規模を拡大できていない方。ひとまず民泊は始めてみたけれど、これからどうやって拡大していこうか悩んでいる方に向けて、これまで私がやってきた方法を、この本を通じてお伝えできればと思っています。

初心者の方はもちろんのこと、経験者にとっても役立つ内容を盛り込みました。本書があなたにとって人生の転機になれば幸いです。

目次

第1章 円安時に強い外国人向け宿泊事業とは？

第2章 初心者でもOK！ 民泊の基礎知識

第3章 需要を探りながら実績を伸ばす賃貸民泊

第4章 民泊実績をもとに始める不動産購入&多角運営

第5章 銀行融資の徹底攻略方法

第6章 出口戦略としての物件売却とは？

第7章 成功者インタビュー

終章 成功し続けるための経営マインド

装丁・本文デザイン・DTP　井関ななえ

序章

ブラック企業を辞めたい一心で不動産投資を開始

もともと私は、地元の札幌でシステムエンジニアとして働いていました。順風満帆とまではいかないものの、パソコンを使った仕事に就きたかったという希望も叶い、やりがいある仕事を任せてもらっていました。

3年目には携わったシステム開発で社内表彰され、忙しいながらも充実感ある毎日を送っていましたが、入社4年目に転機が訪れました。

会社の人事異動で突然、これまでまったく縁のなかった大阪へ、それもシステムエンジニアとしてではなく営業職として飛ばされることになったのです。

知り合いはゼロで、営業職はまったくの未経験。そのため、会社の上司には**「社内転職やな」**と言われつつ、毎日慣れないことの連続でわからないことばかり。さらに当時勤めていた会社はなかなかのブラック企業で、私が担当するエリアはかなり広いため移動時間も長く、朝は早ければ5時起きで出張に出て、夜は22～24時に帰宅することもザラな毎日でした。

1週間の連続出張や、休日出勤も半ば強制的にさせられる状況で、平日も土日もプライベートがほとんどないのに、そのくせ給料は高くないという過酷な状況。それにもかかわらず、上司は売上目標を達成しないと、地方に転勤させられるなど理不尽な目にあっていて、「絶対にこうなりたくない」と思うような職場環境でした。

この社内の異動がきっかけで、**「会社に指図されるのではなく、自ら事業を立ち上げて自分がコントロールできる仕事をしたい!」**と奮い立ち、忙しい合間をぬって副業の勉強と実践を始めたのです。

副業で最初に取り組んだのは、偶然、本屋で見かけて興味を持った**不動産投資**でした。インターネットで不動産投資を調べて、入会金30万円のスクールに申し込んで半年ほど学び、その知識をもとに購入したのが**「中古のワンルームマンション」**でした。

大阪市内にある利便性の高い駅から徒歩3分、築10年でワンルームには珍しい庭付き。オーナーチェンジ物件で利回りは9・6%あり、それをボーナス全額と、当時保有していた車を売却した資金を合わせて200万円を頭金にして融資を利用して購入しました。

ただ苦労して購入したものの、家賃から管理費や融資の返済を引いた手残りは**月に2万円**ほど。今振り返ると悪くない物件ですが、これだけの手間とお金をかけて月数万円でしたので、この方法で独立は難しい……と実感したのが最初の不動産投資です。

物販ビジネスの成功から念願の脱サラへ！

ワンルームマンション投資だけでは厳しいと感じた私は、次に一棟の収益不動産を狙うことにしました。しかし、自己資金の少なさや融資のハードルの高さもあったので、まずは一棟収益不動産を購入するための頭金を、**物販**で稼ごうと思い立ちました。

当時は円高だったこともあり、アメリカから安く品物を仕入れて、それを国内のＡｍａｚｏｎで販売して利益を得ることができました。

サラリーマンの副業でもできて、初心者にも取り組みやすく成果が出やすいものの、すぐにライバルが増えて同じ商品では稼げなくなったため、何か違うものを扱いたいと探していたところ、レディースアパレルに目を向けました。

なぜレディースアパレルなのかというと、メンズファッションに比べてレディースファッションは圧倒的にマーケットが大きく、たとえばデパートでもレディースのほうが圧倒的にメンズより売り場が広いことからもわかります。

それにファッションは毎年トレンドが変わりますし、カラーやサイズが豊富でニーズも多種多様です。私自身がレディースアパレルに詳しくなくても、仕組みさえ作ればビジネスとして成り立ちました。

当時は**無在庫販売**（商品の注文を受けてから仕入れを行う販売方法）をしており、ECサイトに商品を仕入れ値の3～4倍の価格で並べておき、商品が売れたら「1週間後にお送りします」と連絡して、そこから仕入れて発送します。

1000円で仕入れるものなら3000～4000円で出品しておけば損はなく、在庫リスクを抱えずに売上が上げられます。

そのような商品を何千、何万と登録しておけば初めに手間はかかるものの、リスクは最小限にしながら売上を上げることができるので、利益が取りやすいビジネスモデルでした。

幸い、物販は私の性分に合っていたのか、毎月のように安定的な利益を出せるようになりました。物販を始めたのは２０１１年初頭でしたが、それから3年半後の２０１４年6月に物販事業をメインとして、なんとか脱サラすることができました。

脱サラ後、突然のアカウント停止

ところが、独立後に私を待っていたのは厳しい現実でした。

当時の私が販路にしていたのは、ブランド物を中心とした「ＢＵＹＭＡ（バイマ）」というＥＣサイトです。このサイトはシャネルやエルメスといった高級ブランドをメインに扱っていましたが、それ以外にも中国から仕入れたノンブランドの商品がお手ごろ価格で人気があり、私もこのノンブランド物を扱って利益を出していました。

ところが急に「ＢＵＹＭＡ」の規約が改定されたことにより、ノンブランドを販売していた**アカウントが停止**になってしまったのです。ちょうど独立して1カ月が経ったころでした。


ある日突然、アカウントが使えなくなり、見込んでいた売上はゼロ！

いきなりの大ピンチに私は焦りました。急いで頭を切り替えて、当時はまだ無在庫販売のできた「Ｙａｈｏｏ！ショッピング」に販路を変更。Ｙａｈｏｏ！ショッピングでテストマーケティングをしながら無在庫販売をして、リリースされたばかりだったフリマアプリのメルカリで、在庫販売する方法を行うようにしました。

これが何とか軌道に乗って、結果的には、ＢＵＹＭＡだけで販売していたころより売上・利益とも増えて結果的には良い方向に進みました。それにしても突然のアカウント停止で**売上がゼロになったこと**には本当に恐怖を感じました。

このようにネット物販は時流による変化が激しい業界です。ＥＣサイトのルール変更により、昨日までできていたことが、一切できなくなるリスクもあります。こうしたトラブルも柔軟に対応できなければ売上は見込めません。

なお、現在の私は物販をしていませんが、今もネット物販の市場は拡がっているので、商品や販売方法を工夫すればチャンスはある分野だと思います。

たまたま始めた民泊で結果どうなったか？

物販だけで独立している人も世の中にはいるなか、どうしてそこで民泊を始めたのかといえば、当時扱っていたレディースアパレルに興味が持てなかったからです。安定的に収入を作りやすいというメリットはありましたが、仕事自体が楽しいというよりも、あくまで物販は独立の手段で、私は不動産投資がしたかったのです。

もともとの構想としては物販で売上を上げて、その実績をもとに収益不動産を買っていくつもりでしたが、2014年の後半は、まだ独立して1年目で決算書もなく、不動産投資をするにも融資が受けられない状況でした。

そんな時に友人から、**「Airbnb（エアービーアンドビー）」**の存在を教えてもらいました。

今でこそメジャーな民泊サイトと認識されていますが、当時は空き部屋を貸したい人（ホスト）と部屋を借りたい旅行者（ゲスト）とをつなぐ画期的なWebサービスとして、一部の人だけから注目されていました。

借りた物件でもできることから、融資が受けられない当時の私でも参入障壁が低いのが魅力に感じました。なにより民泊は不動産関連の全く新しいビジネスでした。

儲かるという確証はなかったものの、「面白そう！」という好奇心からチャレンジしてみることにしました。マニュアルも何もないなか、手探りではありますが取り組んでみたところ、面白く、売上も予想以上に上がりました。可能性を感じて9カ月で10件ほどの民泊物件をオープンして売上も**月に200〜300万円**まで一気に伸びたのです。

安定を求めて始めた事業でまさかの大失敗

ある程度まで売上を確保するようにはなったものの、民泊を始めた2015～2016年ごろは、まだ法整備がされる前で不透明な部分も多く、物販と民泊を中心に事業を展開することに不安を覚えました。

そこで、もう1つの収入の柱として、リアルビジネスで信頼性のある**カーコーティング**事業を始めたのです。

以前、自動車関係のシステム会社に勤めていたため、この分野に知識があったことが選んだ理由です。カーコーティング事業は未経験だったものの、フランチャイズでノウハウを提供しているのを見かけて、チャレンジしてみることにしました。

そのため、2016年当時の私は「物販」「民泊」「コーティング事業」の3足のわらじで生計を立てていましたが、結果的にはコーティング事業は手間の割に赤字が続き、最終的に**500万円ほどの赤字**を出して撤退せざるを得ない状況でした。

とはいえ、そのときには民泊事業の調子が良く、翌年から合法化することも手伝って注力することができ、収支は大きなプラスを出せました。ちなみに、そのタイミングで初の著書**「特区民泊で成功する！ 民泊のはじめ方」（秀和システム）**を出版します。

私の3足のわらじのうち、物販はともかく、カーコーティング事業は大失敗ともいえる状況でしたが、民泊のおかげでなんとかもちこたえることができました。

新型コロナの影響で再度ピンチに陥る

2017年に特区民泊の許認可を得て民泊を再スタートした私は順調に規模を増やし、訪日外国人旅行客数の最高記録を塗り替えた2019年に、たまたま声が掛かって大型の宿泊施設を企画して仲間うちで運営を始めます。

それなりに大きな1棟物件なので春から準備を開始して、同年の秋にオープンしました。運営を開始して3、4カ月後の2019年末~2020年の年始には、全16室が満室に。

全室ファミリータイプということもあり、売上はすぐ月に400万円を超えて順調な滑り出しでした。規模の大きな物件だったので、毎月の家賃支払いは100万円以上でしたが、それでもしっかりと利益を残すことができました。

ところがまた大きな転機が訪れます。2020年1月、日本国内に1人目の新型コロナウイルス感染者が確認されたのです。

その後、**新型コロナウイルス感染症**は瞬く間に全国へ広がり、私たちの生活が一変したのは周知の事実でしょう。コロナショックは全世界を襲い、経済にも大打撃を与えました。

私たちの民泊物件もその影響を受け、1月は良かったのですが、2月の売上は前月の半分まで減少し、3月はさらに悪化。4、5月になると、**売上はほぼゼロ**まで落ち込みました。

月100万円以上の家賃を支払わなければならないのに、売上は見込めない。現金があるうちは支払えても、コロナ禍が長引けば破たんしてしまう可能性もあります。

焦った私は2020年の初頭に政府が打ち出した、売上が下がった事業者向けに対して日本政策金融公庫や保証協会が金融機関と連携して出している融資(いわゆる「**コロナ融資**」)について徹底的に調べました。

運営しているコミュニティでも調べた内容をシェアして、より良い利用方法で実践した結果、なんとか運転資金を受け、一時期をしのぐことができたのです。

しかし、そのままでは赤字を補てんすることもできません。そこで、これまで未知の分野であった**補助金・助成金関連**も調べてチャレンジしてみたところ、宿泊事業などで売上が下がった事業者が利用できる制度もあったので、そちらも受けられるものはすべて受けました。

奮起の結果、不動産の規模は約10倍に成長!!

当時は、新型コロナの影響がいつまで続くのか、まったく予測ができませんでした。会社員時代から**「不動産賃貸業も規模拡大していきたい」**と考えていた私は、「コロナ禍で民泊がピンチだからこそ、不動産賃貸業を伸ばさなくては！」と奮起しました。このまま赤字の民泊を運営していても、ジリ貧の未来しかありませんから、まさに背水の陣です。

そのためまずは、不動産に融資をしてくれる金融機関の開拓です。幸い、コロナ禍に入る前の2019年に物件を売却していたので、まとまった現金と見栄えが良い決算書がありました。

その現金と決算書、そしてコロナ融資などで増やせた自己資金を元に、**「宿泊業から不動産賃貸業にシフトチェンジするので融資を受けられないか」**と金融機関へ手当たり次第に打診しました。

そして、融資が出そうな不動産物件を持ち込んでは交渉したのです。

コロナ禍では収益物件の値段が上がっていましたが、宿泊業の稼働が止まり時間ができました。そこで金融機関の開拓と収益不動産のリサーチに充てて、なんとか物件を買えないか行動した結果、コロナ前よりもより良い収益不動産を買うことができました。

これにより2019年の末から2022年にかけて、不動産賃貸業の融資金額や売上（事業規模）は、**気が付けば約10倍に拡大していたのです。**

最大のピンチだからこそ、変化できるチャンスでもある

これらの経験からお伝えしたいのは、「ピンチだからこそ、必死に行動して結果を出すことができる」ということです。

事業がうまくいっているときは、変化の必要はなく現状維持の場合が多いと思いますが、**ピンチのときは何かを大きく変えなければ**状況を好転させることができません。

私自身、前職でいきなり大阪に転勤となり、過酷な勤務状況で追い詰められていたからこそ、「何とかしなければ！」と考えて行動し、副業を始めたおかげで独立できました。

また、今回の新型コロナの影響で売上も大幅に落ちて破たん寸前になったからこそ、コロナ融資や助成金、補助金に関しては知識ゼロでしたが、自ら調べて実践することで受けることができました。

さらに不動産賃貸業も、物件探しをして銀行開拓に努力した結果、コロナ禍でも優

良物件を購入できました。思い切って不動産投資に舵を切ったことにより、規模を拡大することができたのです。

もちろん、簡単に方向転換がうまくいったわけではありませんが、危機意識を持ってすぐに行動に移し、試行錯誤しながらも周りを巻き込んで行動していけば、大概のことは乗り越えられると考えています。

現在の市況でいうと、コロナ禍の経済疲弊はもちろんのこと、2022年末の歴史的な円安から、急激な物価高に金利上昇など、日々の生活や将来に対して不安を抱いている方も多いでしょう。しかし、**最大のピンチは変化できるチャンス**でもあるのです。

そこで次の章からは、アフターコロナだからこそ勝機がある**「民泊やインバウンドの宿泊事業」**と**「不動産賃貸業」**について話をしていきましょう。

第1章

なぜ今、民泊がアツいのか？

ここでは、まず「**なぜ今、民泊に注目すべきなのか**」について解説します。この原稿を執筆しているのは2023年1月ですが、日本の水際対策が大幅に緩和された2022年10月以降、この2年間ほとんど見かけなかった外国人旅行客を各地で見かけるようになりました。

具体的には、1日当たり5万人とされていた入国者数の上限が撤廃されて外国人の個人旅行の解禁、くわえて短期滞在のビザの取得免除する措置が再開されました。それに加え、昨年末ほどの円安ではありませんが、円安傾向は続いていますから、「**お買い得な日本**」を目当てに、外国人旅行者はどんどん増えていくと予測できます。これからのインバウンド需要は日本経済にとっても大きな恩恵となるでしょう。

大前提として日本は超高齢社会に突入し、労働人口が急激に減少しています。これは間違いありません。日本経済もどんどん縮小していくことが予測されています。

そんななか、コロナ禍で中断していたものの、政府としては**「観光立国として外貨を得たい」**という意思があります。観光立国とは、国内外から旅行客を誘致し、彼らが消費する外貨を、国の経済を支える基盤のひとつとしている国を指します。

新型コロナウイルス感染症拡大前の数年間に、インバウンド需要が大きく盛り上がっていた印象を受けますが、じつは20年近くも前から政策としての動きがあります。（**図表1―1**参照）

小泉純一郎総理（当時）による「観光立国懇談会」の主宰、2003年のビジット・ジャパン事業の開始。さらに2006年には「観光立国推進基本法」が制定されて、日本のインバウンド推進への本格的な取り組みがスタートしました。

さらに2008年には観光立国の実現に向けて、魅力ある観光地の形成、国際観光の振興、その他の観光に関する事務を担う「観光庁」が国土交通省の外局として発足しています。

こうした取り組みの表れとして、**近年の訪日外国人旅行客の増加**があり、それを受けて近年の旅館業法の緩和や、民泊新法や特区民泊が生まれた経緯があります。

極論をいえば、**国が本気でお金をかけて世界各国にプロモーションをしている**のです。その結果、外国人旅行客が増えて私たちの宿泊施設に泊まってくれるわけです。

国が全面的に後押ししているという部分が、物販や飲食などの一般的な事業に比べて圧倒的な優位となる側面です。詳しくは後述しますが、今後も**万博やカジノなどで外国人旅行客が増えていくことが見込まれて**います。

私はもともと副業で物販をしていました。海外から商品を仕入れて国内で販売するといったビジネスモデルです。当時から「海外」を視野に入れたビジネスをしていたおかげで、日本国内の事業だけではなく、為替や外貨を獲得することが重要だと実感しました。

たとえば物販でいうと「輸出事業（日本国内の商品を海外に売る）」は、外貨を獲得するうえでシンプルな手段ですが、実際に海外まで行って海外のお客さんに商品を販売するのは容易ではありません。

図表１－１
観光立国に向けたこれまでの取組みと成果

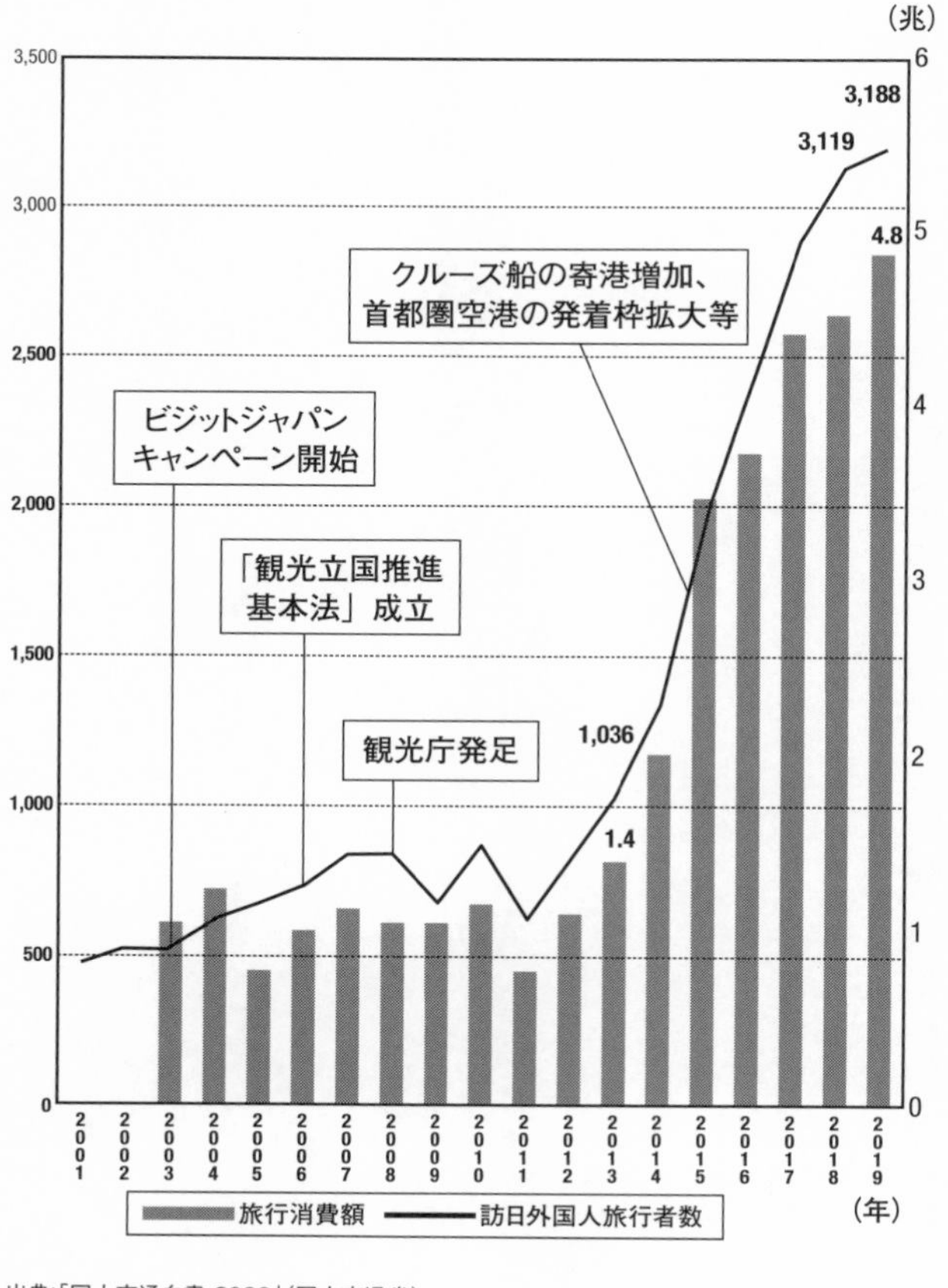

出典:「国土交通白書 2020」(国土交通省)

しかし、物販の輸出でもインターネットで販売できるサイトが増えてきたのと同様に、民泊も「Ａｉｒｂｎｂ」や「Ｂｏｏｋｉｎｇ.ｃｏｍ」（ブッキング・ドットコム）など外国人向けの集客サイトができたおかげで、かなりハードルが下がりました。しかもインバウンド事業の場合は、**外国人旅行客は日本に来てくれる**ので、物販よりも始めやすいです。

もちろん、自身の物件を外国人の趣味趣向に合わせてアレンジする必要はありますが、外貨を手にできるビジネスモデルの中ではハードルが低いといえます。

それをビジネスの1つとして行っていれば、円安が進んだとしても外貨を獲得できます。国内でこんなに容易に外貨を得られるビジネスはなかなかありません。

なお、現状では極端な円安は落ち着いていますが、長い目で見たら円高になるよりは、円安にふれる可能性のほうが高いと個人的に推測しています。

そういう意味で日本国内で完結するビジネスだけでは、円安になればなるほど、対処のしようがありません。円の価値が下がっていくなかで日本人だけを相手に仕事をしていても、日本人全員が貧乏になっていくだけです。

そんななか、インバウンド事業は内需ではなく外需で成立するビジネスなので、日本社会・経済が受けるダメージよりも少なく済む確率が高いです。むしろ**「インバウンド一人勝ち」**の可能性も十分にあると考えています。

私としては、個人的にインバウンドは注目する事業だと考えているのに加え、これから日本全体を盛り上げる活力、つまり**「社会的に意義ある事業」**になると確信しています。

日本の魅力——豊かな観光資源

続いて、日本側からではなく、世界における日本の順位を見てみましょう。

観国連世界観光機関（ＵＮＷＴＯ）が発表、日本政府観光局（ＪＮＴＯ）が作成した資料によると、新型コロナウイルス感染症拡大前の２０１９年の「外国人旅行者受入数」は、日本が**過去最多の３１８８万人を記録**。世界で12位。アジアで3位となっています（**図表１−２**参照）。

また、同年の「各国・地域の国際観光収入」は、アメリカが１９３３億ドルで1位となり、スペインが７９７億ドルで2位、フランスが６３８億ドルで3位。日本は４６1億ドルで7位（アジアで2位）という結果になっています（**図表１−３**参照）。

エリアによって多少は異なるものの、日本には四季があります。夏はビーチリゾートで楽しめ、冬はウィンタースポーツを満喫できます。

同じ観光地に行くとしても、四季によって全く違った風景がみられます。日本は世界と比較しても、観光資源が豊富な国といえるでしょう。

加えて、これから注目したいのは**2025年の大阪万博**です。4月13日から10月13日の184日間と、オリンピックよりも開催期間が長いため、さらにインバウンドが加速すると思います。

そして、**IR（Integrated Resort）**も見逃せません。IRとは、日本語で「統合型リゾート」と呼ばれ、カジノを代表に、国際会議場や劇場、展示場、ホテル、ショッピングモールなどの複合施設の集合体を指します。

2023年1月時点での候補地は、大阪と長崎に絞られており、これまで候補だった和歌山は撤退となりました。現在の有力候補は大阪市と予測されており、インバウンドでこれから伸びる可能性は大いにあると注目しています。

図表１－２　外国人旅行者受入数ランキング（2019 年（令和元年））

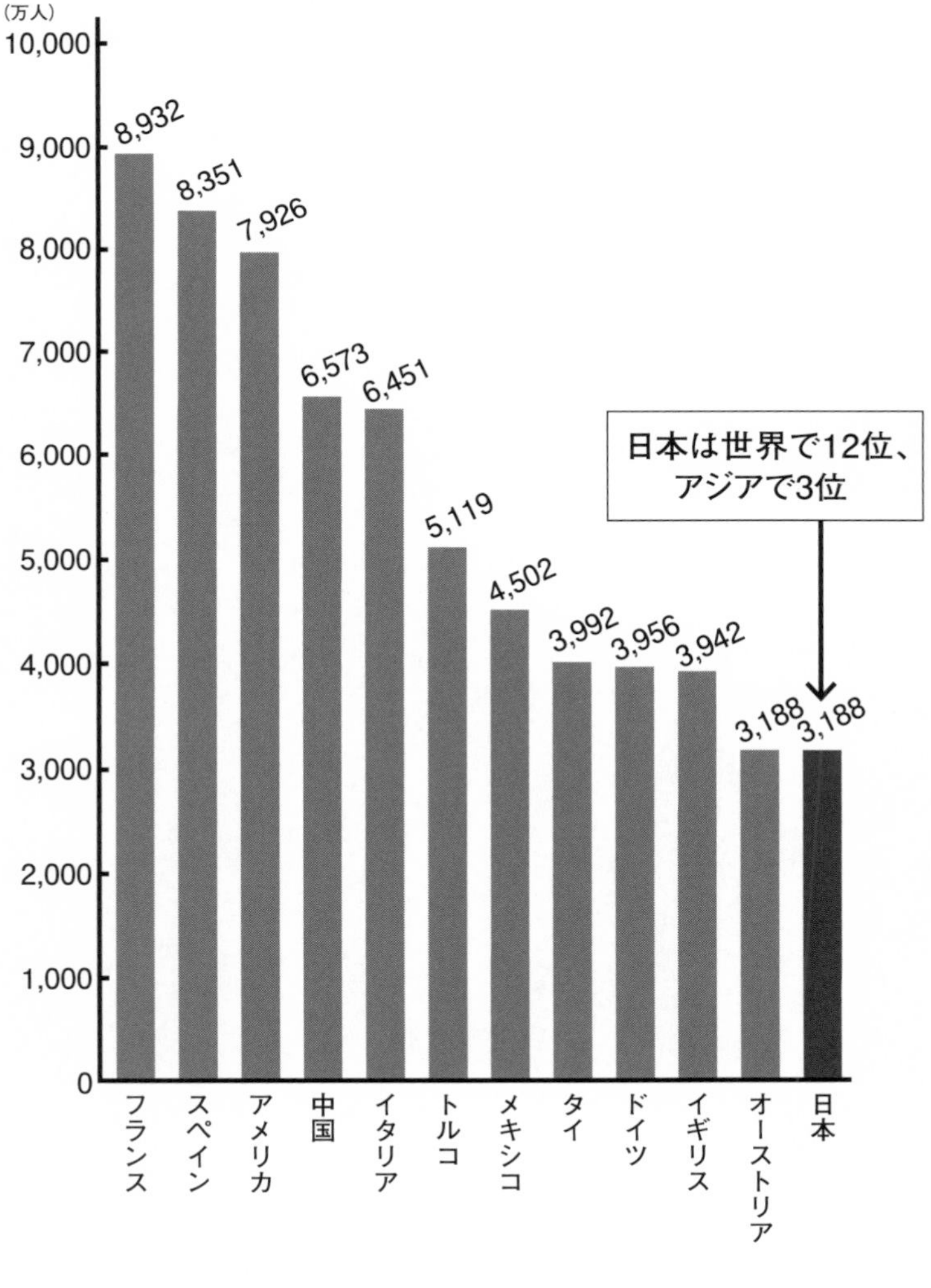

図表1－3　国際観光収入ランキング（2019年（令和元年））

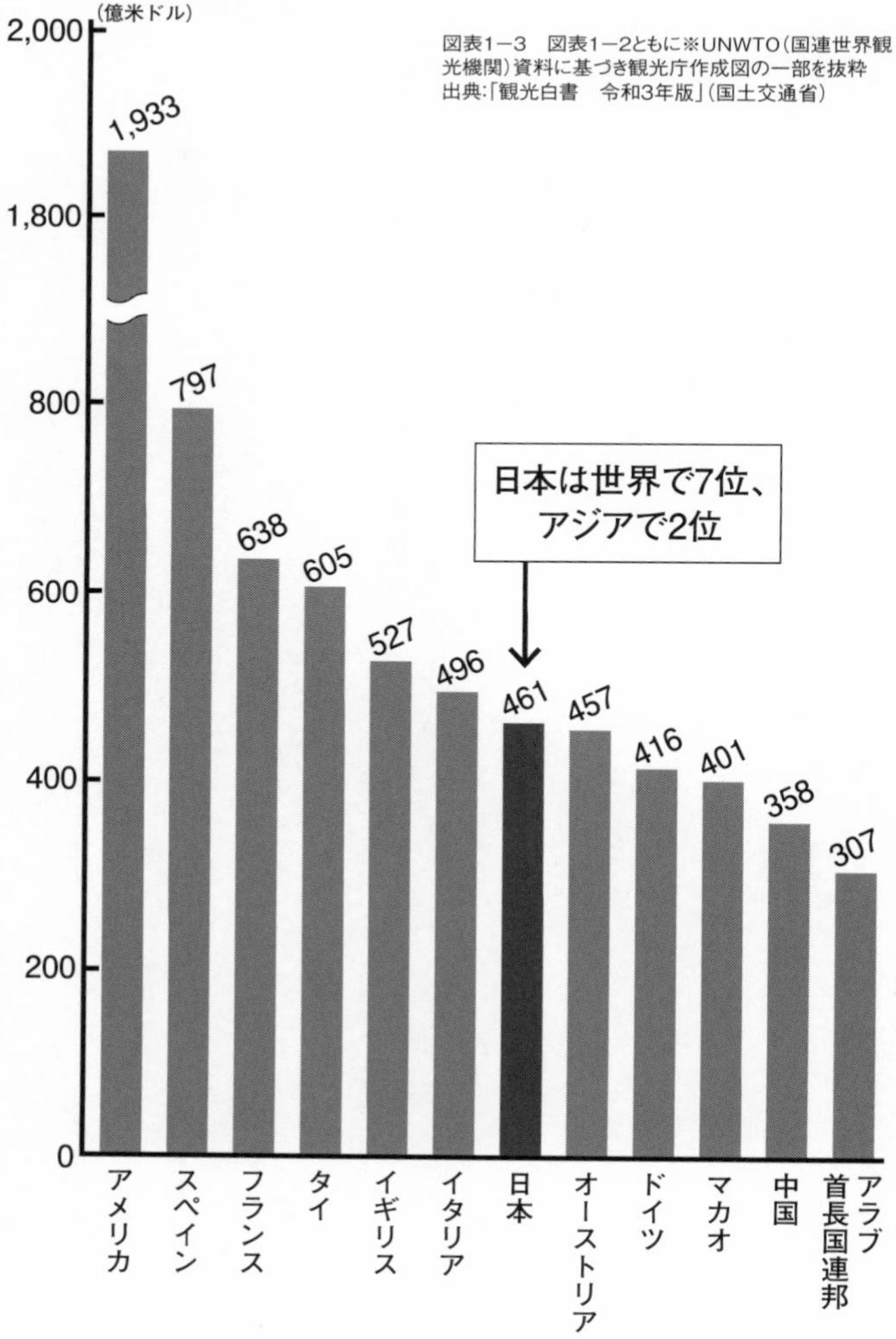

図表1－3　図表1－2ともに※UNWTO（国連世界観光機関）資料に基づき観光庁作成図の一部を抜粋
出典:「観光白書　令和3年版」（国土交通省）

世界一、安くておいしい「食」

ご存知の方も多いでしょうが、日本は食の素晴らしさにも定評があります。

日本ミシュランタイヤが発行する「ミシュランガイド東京２０２３」では、今年も**東京が世界で一番星付きレストランが多い都市**になっています。

星付きレストランの総数は２００軒で、最高ランクの三つ星は12軒、二つ星は39軒、一つ星は１４９軒。その他、また〝持続可能な美食に注力する店舗〟ミシュラングリーンスターは12軒となっています。

日本の場合、失われた30年があったおかげで、デフレが続いて値段がほとんど据え置きのままでした。ここ最近は値上がり傾向にあるとはいえ、世界トップクラスの食を安価で楽しめます。

もう一つ、わかりやすい比較を紹介します。

「ビッグマック指数」をご存知でしょうか。これは、イギリスの経済専門誌『エコノミスト』によって1986年9月に考案された経済指標です。
マクドナルドで販売されているビッグマック1個の価格を比較することで、各国の経済力を測ることができます。

直近のビックマック指数は2022年7月に発表されていますが、第1位はスイスで925円、第2位はノルウェー864円、第3位はウルグアイ839円です。アメリカは第6位で710円、中国は第31位で490円、韓国は中国に次ぐ第32位で483円。日本はといえば、第41位の390円となっています。

実際のところ、日本のマクドナルドは値上げがされており、2023年1月16日からビックマックが450円になりました。同年の順位は少し変わってくるかもしれませんが、それでも中国や韓国よりも安いのです。

ビックマック指数の高い国からみれば、**驚くほど安価でハイクオリティなおいしいものが食べられる国**なのです。訪日の理由としては十分すぎるといえるでしょう。

コスパの良い日本の宿泊施設

食だけでなく宿泊費用が安いのも、外国人旅行客からみた魅力と考えます。

私自身、2022年6月にパリを訪れたときは円安の影響もあり、体感で**日本のホテルの5～6倍の宿泊費**がかかりました。

3つ星ホテルと4つ星ホテルに宿泊したのですが、4つ星ホテルでも日本のビジネスホテルに毛が生えた程度で、とても快適とは言いがたく、それでも1泊4万円もしました。3つ星ホテルは1泊3万円弱くらいで、さらに満足度が落ちます。

設備も提供されているアメニティも日本と比べると十分ではありませんでした。冷蔵庫もポットもなく、お湯すら沸かせなかったのです。

もしも日本で1泊3万円クラスのホテルに泊まろうとすれば、15～20万円はかかる状況でした。

9月にはタイも行きましたが、かつてのような安いイメージはかなり薄れています。宿泊単価は、日本と同等かやや高いくらいで、食べ物も宿泊も安かったのですが、今では日本が抜かれつつあるように感じました。

それと比べると、日本のホテルは相対的に安くサービスが良いです。外国から訪れる旅行客にとって、**「日本はお買い得」**なのは間違いありません。

治安もサービスも良く、ホスピタリティが評価されている国ですが、さらに安いのですから。これは都市部のホテルだけでなく、温泉旅館やリゾート、民泊にも共通します。

ここは強く推したい部分です。日本国内のビジネスであれば、円安に対応することができませんが、民泊は円安であっても問題なく、むしろ**円安が追い風になるビジネス**です。一時期、大問題のようにいわれていた円安も、インバウンドではプラスに働くということです。

このようにインバウンドに期待ができるなか、宿泊事業は今後ますます期待できますし、宿泊事業で人が集まるようになれば、周囲の観光地や飲食店にも観光客が訪れるにようになり、日本国内のあらゆる産業がプラスになる可能性もあります。

もちろん、外国人を呼び込むことに対して反対する人は、多かれ少なかれ存在します。私自身、民泊事業を始めるにあたり、周囲の反対を受けた体験もあります。

たしかに短期的にみたら、「海外から人が大勢やって来ることは迷惑だし、怖い」と感じる人がいるかもしれません。

しかし中長期的にみれば、**海外の人に日本国内でお金を落としてもらう事業は社会的意義のある**ことであり、日本の少子高齢化が進む限り、避けては通れない道といえるのではないでしょうか。

第2章

自宅の一室からスタートできる！

さて、ここまでの解説で「では民泊を始めてみたい！」と興味を持ったらどうしたら良いのでしょうか。

第1章では、観光地としての日本のポテンシャルの高さや民泊を取り巻く環境を解説しましたが、本章では民泊を始めるにあたり知っておきたい基本をお伝えします。

外国人旅行客を対象とした民泊というと、難しそうに思えるかもしれませんが、そのハードルはそれほど高くはありません。

私自身、自己資金が少ないどころかカーコーティング事業の失敗によるマイナスを、見よう見まねで始めた賃貸民泊でプラスに転じさせることができました。

まったくの初心者で**副業のために使える資金が少ない**という方でしたら、まずは**自宅の一室**から始めてみましょう。

やり方は簡単です。自宅の空いている部屋にゲスト用のふとんを用意して、部屋を整えるだけ。つまり、ふとんを用意するだけで民泊を始めることができます。もし、自宅にお客さん用のふとんがあれば、初期費用はゼロでも始められます。

「キレイで便利なホテルでない、普通の家に泊まりたい人がいるのか」と思われるかもしれませんが、バックパッカーのように安宿に泊まって、「その土地に密着した生活をしてみたい」「その国の庶民的な生活に触れてみたい」というニーズもあります。

そのような価値観を持つ旅行客であれば、景観の良いリゾートホテルよりも商店街に近い木造の家で、ふとんで寝ることを好みます。高いお金を出して1泊するより、1泊の予算を下げて10泊したいという人だっています。

たとえば、**自宅に泊めて、ゲストとホストが一緒に食事をしたり、近所の居酒屋にアテンドしてあげたりすることがサービス**になるのです。

ビジネスとして本格的に始める前に、そういったやり方をして、そこから本腰を入れている人も珍しくありません。第7章で紹介する志村さん、岸本さん、近江さんも自宅の一室を貸し出すところからスタートしています。

そこで「利益を出すことができるか？」「自分で運営してみて楽しいか？」を実践してみて「もっと拡大するかしないか」を決めても良いわけです。

入り口として小資金で始められますし、英語のできる人は、日本にいながらゲストとのやり取りが勉強になるし、それが楽しくてあえてやっている人もいます。

みんなそれぞれ得意不得意、好き嫌いがあります。もし英語が苦手だとしても、今は便利な翻訳アプリもたくさんあるので問合せのメッセージをやりとりするのは、そこまで大変なことではありませんし、CMでお馴染みのポケトークを利用すれば、誰でも対面で意思疎通することも可能です。

逆に、ゲストとのコミュニケーションは好きでなくても、自分好みのインテリアの部屋を作るのが好きだからやっている方もいます。**皆それぞれが得意な分野、好き嫌いがある**ので、まずは、今後の展開を考えるきっかけとして自宅民泊をお勧めします。

運営の仕組みがある程度整っている

さて、部屋の準備ができたら、旅行者に泊まってもらわなくては利益になりません。民泊を知らない人からすると「民泊は運営の手間がかかって大変」というイメージが強いようですが、実際のところ、自宅民泊なら「Ａｉｒｂｎｂ」に登録すれば集客から予約の受付、メッセージをやりとりする仕組み、決済システムも使えます。サービスを使う手数料は宿泊費用の３％または15％です（プランによって変わる）。

なお、この「Ａｉｒｂｎｂ」に登録するためには、守らなければいけないルールがあります。このルールについては次項でしっかりと解説します。

この本のもう一つのテーマである不動産投資の魅力は「不労所得」に近い仕組みを作れることです。不動産投資は物件取得など最初は大変ですが、仕組みがあれば安定収入を得る**ストック型ビジネス**（顧客から継続的な収益を得るビジネス）になります。

その点、民泊は不動産投資よりも事業性が高いですが、その分**工夫や運営次第で売上や利益率を上げる**ことができますし、**外注することで手間をかけずに運営できる**仕組みもある程度整っています。

自宅民泊では民泊サイト「Airbnb」をお勧めしますが、「Booking.com」などOTA（オンライン・トラベル・エージェント）と呼ばれる集客サイトは他にもあり、許認可や民泊のタイプによって使い分けも可能です。そして都市部であれば運営代行会社や清掃代行会社もあり、リネン類もレンタルができます。

もちろん、自宅民泊で自分自身が顧客対応や清掃もできますし、自分で行うことが多ければ多いほど利益が残りやすくなります。

つまり、自分がどこまで手をかけるか、自分自身で選択できるのです。これは自主管理をできる不動産投資にも似ています。

こうした選択肢の広さは民泊独特のものです。あくまでお小遣いの範囲で趣味的にできますし、ビジネスとしての展開も可能です。これは不動産投資にはない魅力です。

旅館業、特区民泊、民泊新法のルール

民泊を行うには守らなければいけないルールがあります。安心安全に民泊を運営するためにも、法的な基準を満たさなければなりません。現在、**合法で開業できる民泊は大きく分けて3種類**あります。

前項で紹介した「自宅民泊」は民泊新法（住宅宿泊事業法）の家主居住型です。詳しくは、この先を読み進めていただければと思いますが、ほかの合法民泊に比べて要件が緩和されており、届出をすれば全国どこでも手軽に始められます。

●旅館業

旅館業には、「旅館・ホテル営業」、「簡易宿所営業」、「下宿営業」があります（**図表2－1**参照）。２０１８年６月の旅館業法の改正により、従来の「ホテル営業」および「旅館営業」は「旅館・ホテル営業」として一本化されています。民泊を行うためには、「簡易宿所営業」もしくは「旅館・ホテル営業」の認可を取得するケースが

図表２－１　旅館業の種別

ホテル営業（※）	洋式の構造および設備を主とする施設を設け、宿泊料を受けて、人を宿泊させる営業
旅館営業（※）	和式の構造および設備を主とする施設を設け、宿泊料を受けて、人を宿泊させる営業
簡易宿所営業	宿泊する場所を多数人で共用する構造および設備を設け、宿泊料を受けて、人を宿泊させる営業（ペンション、ユースホステルなど）
下宿営業	施設を設け、1月以上の期間を単位とする宿泊料を受けて、人を宿泊させる営業

（※）2018年6月15日より、ホテル営業および旅館営業は「旅館・ホテル営業」として、「施設を設け、宿泊料を受けて、人を宿泊させる営業で、簡易宿所営業及び下宿営業以外のもの」と一本化されます。
出典：「 民泊制度ポータルサイト」（観光庁）

多いです。

簡易宿所営業は従来からありましたが、2016年4月に客室に必要な延床面積（33㎡以上）や衛生水準の確保ついての基準が改正されました。

そのため以前に比べて許可が取りやすくなっています。なお旅館業の営業許可の申請先は、施設所在地を管轄する保健所です。

●特区民泊

特区民泊の正式な名称は「国家戦略特別区域外国人滞在施設経営事業」といいます。2013年12月に制定された国家戦略特別区域法に基づいて、旅館業法の特例制度を活用した民泊です。

国家戦略特区には、東京都全域・神奈川県全域・千葉県千葉市および成田市とあわせて東京圏として指定されているほか、大阪府・兵庫県・京都府の関西圏、新潟県新潟市、兵庫県養父市、福岡県福岡市、福岡県北九州市、沖縄県、秋田県仙北市、宮城県仙台市、愛知県、広島県、愛媛県今治市が指定されています。

このうち、旅館業法の特例として特区民泊条例を制定している自治体は、**東京都大田区・大阪府**（特区民泊事業を実施できない市がある）**・大阪市・福岡県北九州市・新潟県新潟市・千葉県千葉市**です（２０２３年1月現在）。

この地域では民泊営業が可能なものの、民泊条例にて規定された要件を満たして、都道府県知事から「特定認定」を受ける必要があります。**「2泊3日以上」といった最低宿泊日数制限がある**のが特徴です。

●民泊新法

民泊新法の正式な名称は「住宅宿泊事業法」で、「住宅（戸建住宅、共同住宅等）」の全部、または一部を活用して宿泊サービスを提供するために２０１８年に制定されました。

全国を対象としており、大きな特徴として、旅館業法では認められない**住居専用地域でも合法的に民泊の営業ができます**が、「**１８０日間**」を基本とする**年間営業日数**

の制限が設けられています。

「家主居住型」と「家主不在型」の選択ができ、それにより運営や消防法のルールも変わります。

また旅館業や特区民泊のような許認可制ではなく、自治体に届出するだけで民泊運営を開業できます。

参考までに、次ページに大阪府健康医療部生活衛生室環境衛生課がまとめた「簡易民泊、特区民泊、民泊新法の比較表」をご紹介します（**図表2－2**参照）。

それぞれに規定された要件については、インターネットで調べることができますが、各都道府県・各市町村によって異なるため、宿泊事業を始める際には、あらかじめ各自治体に問い合わせをして詳細を確認することをお勧めします。

	特区民泊 (国家戦略特別区域法における 外国人滞在施設経営事業施設)	民泊新法 (住宅宿泊事業法における届出施設)
	外国人旅客の滞在に適した施設を賃貸借契約等に基づき一定期間使用させるとともに、滞在に必要な役務を提供する事業に供する施設	人の居住の用に供されていると認められる家屋において、旅館業法上に規定する営業者以外の者が人を宿泊させる事業
	2泊3日以上(最低滞在日数)	年間180日以内(宿泊させる日数) ※大阪府では法第18条による制限はしていません
	日本語以外の一外国語が必要	宿泊予約時点で対応可能と 提示した言語
	賃貸借契約及びこれに付随する契約により 一居至を丸ごと貸出し	一つの届出住宅で複数グループの 宿泊可能
	原則25㎡以上【壁芯(カベシン)】 (滞在者の数を8人未満とする施設では、居室の滞在者1人当たりの床面積(押入れ、床の間は含まない。内寸により測定したもの)が3.3㎡以上である場合も可)	3.3㎡×人数【内法】
	必要(シャワー至のみ可)	必要(シャワー室のみ可)
	必要	必要
	必要	必要
	規定なし	家主居住型であって居至数が6以上 又は、家主不在型の場合は管理委託必要
	実施必要	実施が望ましい
	共同住宅、寄宿舎、一戸建て、長屋	
	市町村により異なる(区域計画)	全地域 (市町村により一定の区域において、 事業の実施の制限あり)
	原則「ホテル・旅館」 (一定条件下では異なる場合あり)	
	大阪府健康医療部生活衛生室環境衛生課	
	必要(21,200円)	不要

作成:大阪府健康医療部生活衛生室環境衛生課　令和2年12月 第3版

図表2－2　3つの民泊の比較表

		簡易民泊（旅館業法における簡易宿所営業施設）
定義		宿泊する場所を多数人で共用する構造及び設備を主とする施設
営業形態	滞在及び営業日数の制限	規定なし
営業形態	対応言語	規定なし
営業形態	その他	主に一居室を多数人で使用
構造	客室面積	原則33㎡以上【内法（ウチノリ）】（宿泊者の数を10人未満とする場合は、3.3㎡×人数でも可）
構造	入浴設備	施設に必要（除外規定あり）※シャワー室のみ可
構造	トイレ・洗面	必要
構造	調理場（台所）	必置要件なし
その他	管理委託の必要性	規定なし
その他	近隣住民への事前説明	実施が望ましい
主な他法令	建築基準法上の用途	ホテル・旅館
主な他法令	都市計画法	ホテル・旅館が建築可能な地域
主な他法令	消防法上の用途	
申請	申請先	施設所在地を所管する保健所
申請	手数料	必要（22,000円）

許認可を得るために必要な消防設備とは？

消防設備に関しては、必ず設置することが決められており、旅館業や特区民泊も基本は同じです。旅館業法の営業許可申請の際には、**「消防法令適合通知書」の提出が義務付け**られています（**図表2−3**参照）。

「消防法令適合通知書」とは、その建物が消防法令の基準に適合しているか確認するための書類で、交付を受けるためには、提出書類の審査および現場検査が必要です。具体的には、消火器・自動火災報知設備・誘導灯・誘導標識の設置のほか、避難経路や防災担当者の明示などが求められます。一定の条件を満たす場合は、自動火災報知設備の代わりに、特定小規模施設用自動火災報知設備を使用が認められるなど、建物の規模による緩和もありますので、詳しくは管轄消防署に確認してみてください。

特区民泊も自治体の民泊条例にもよりますが、旅館業法の特例であるため、消防適合通知書の提出が義務付けられています。

多少、各自治体によって変わる部分があるものの、基本は同じルールです。ただし、民泊新法の家主同居型に関しては、ほとんど一般住居と同じです。

民泊新法の届出の際に、消防法令適合通知書をあわせて提出することとされていますが、家主居住型で、宿泊室の床面積が50㎡以下であれば、寝室への住宅用火災警報器だけ設置義務があり、消防法令適合通知書の提出が免除されます。

つまり自宅民泊であれば、ベッドルームに数千円で購入できる住宅用火災警報器を設置すればOKということです。

覚えていただきたいのは、大規模ホテルや旅館など建物の規模が大きくなればなるほど厳しくなり、小規模施設で一般住宅に近づけば近づくほど、そこまで難しいものではなくなります。ただし、前述したように民泊新法以外は検査が義務付けられています。

図表２－３　消防法令適合通知書交付までの流れ

消防署への事前相談

↓

申請

↓

書類審査

↓

消防検査（立会いが必要）

↓

消防法令適合通知書交付

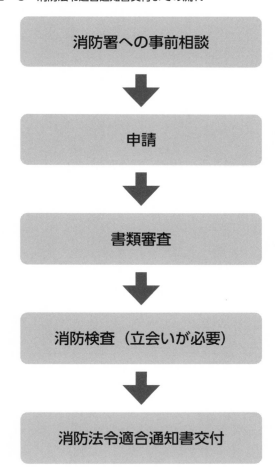

民泊を始める際の選択肢は3つ

守るべきルールとして許認可や消防法など含めて、どのような民泊ができるかを考えてみましょう。前述した**「自宅民泊」**にくわえて**「賃貸民泊」「所有民泊」**があります（**図表2-4**参照）。

自己資金が全くない人には法令の縛りも厳しくない「自宅民泊」が向いていますが、自宅が貸し出せなかったり、ある程度の資金がある人は「賃貸民泊」の選択ができます。私は賃貸民泊からスタートしました。

一般的な不動産投資では、物件を購入する必要があるので、ある程度の自己資金（最低でも300～500万円）がないと始められません。これから購入という場合はエリアにもよりますが、ある程度の資金を必要とします。それが**賃貸民泊であれば100万円以内から始めることも**できます。

民泊のルールに適合する物件である必要はありますが、地方で少し広めの部屋を借り、そこに寝具を用意して、最低限の家電製品（冷蔵庫や電子レンジ）にすれば、初期費用はかなり抑えられます（ただし、最低限の設備でもニーズがあるのか、それともインテリアコーディネートを入れたほうが良いかは検討する必要があります）。

これが東京や大阪の都市部では、競争力を持たせるためには、ある程度の広い部屋で、インテリアにこだわる必要があるため、家賃も高くなり予算は数百万円に上がります。このエリア選びについては次章で詳しく解説します。

基本的には、普通の家にあるもので始められますし、買ったとしてもベッドやテーブル、ソファーなので用意しやすいでしょう。はじめはリサイクルショップを中心にして、足りない家具家電をＩＫＥＡやニトリで安くて実用的なものをそろえても構いません。

必要な設備も家具や家電などで取り扱いやすいので、**他のビジネスに比べてハードルは低い**です。それでいながら、事業をひととおり経験できるのもメリットです。

流れとしては「自宅民泊」から始めて、次に拡大しようとなれば「賃貸民泊」です。

賃貸民泊でまとまった資金が必要な場合、運転資金といわれる融資を借りることもできます。詳しくは第4章の融資でお話しします。

ある程度の資金が貯まり「もっといけそう！」となれば、戸建物件を購入して民泊運営することもできます。その際に融資を受けることもできますが、民泊物件購入のための融資はリフォーム資金の融資や運転資金の融資に比べると難しいです。

所有物件で民泊をする「所有民泊」の場合、物件の購入費用はかかるものの、**家賃の支払いがないのは大きな魅力**です。うまく運営できれば大きく利益を残せます。

また、自分で所有するので大規模なリフォームや設備の導入もしやすいでしょう。これが賃貸では、消防設備を入れたり内装を変更するための許可が必要だったり、退去する際には原状回復で元に戻す工事が必要な場合もあります。

こうして、物件選びや民泊運営に慣れて中級者になりましたら、賃貸だけではなく物件を購入して保有物件を増やしていきましょう。利益はさらに残しやすくなります。

さらに、収益を生む民泊に育て挙げた後、売却することで大きな資金ができます。この物件の売却については、後の第6章で売却についても詳しくお話をしていきます。

図表2－4　3種の民泊比較

	自宅民泊	賃貸民泊	所有民泊
難易度	初心者向け	中級者向け	上級者向け
初期費用	ゼロ〜50万円	50〜300万円	数100万〜数億円
手間	顧客対応や清掃など自分でやる必要あり	顧客対応や清掃など依頼できる	顧客対応や清掃など依頼できる
スケールメリット	×（自宅なので増やせない）	○（借りれるだけ増やせる）	△（購入できれば増やせる）
利益率	○（自分でやれば高い）	×（家賃や清掃費などかかる）	△（清掃費などはかかる）
売却利益	×（自宅なので売れない）	△（事業売却できる可能性あり）	○（物件売却できれば高い）

失敗するケースとは？

このように小資本から大きくステップアップできる可能性のある民泊ですが、すべての民泊運営がうまくいくとは限りません。よくある失敗の2大ケースが、**予約が入らず赤字撤退**と、**近隣トラブル**です。

赤字撤退パターンは、初心者の方が陥るなんとなく民泊を始めてみたものの、予想よりも予約が入らなくて赤字になってしまうパターンで、リサーチをしていないと多々あります。

また法的には民泊が可能な物件で、きちんと許認可を得たとしても、周りの反対で撤退に追い込まれたケースも少なくありません。

これらで重要なのはテストマーケティングです。最初に近隣物件の稼働状況などをリサーチしたうえで、いけそうならまずは賃貸物件で始めて、どれだけの反響があるのか。どういうものに需要があるのかはやってみなければわかりません。

買ってからやるより、まずは賃貸で始めてみること。賃貸で運営してみて、そのエリアの特色や、近隣環境を知っておくことはトラブル回避につながります。

ですから綿密にリサーチやテスト運営をしたうえで、**ある程度の自信ができてから「所有民泊」を始める**のがお勧めです。繰り返しになりますが、民泊物件の購入はハードルが上がりますので、賃貸で経験してから購入することを推奨します。

また、民泊として運営することで利益が出るけれど、住居用の賃貸としては赤字になってしまう物件を高値づかみして損をしている方もかなり多いようです。購入する場合は、もしも民泊で運営できなかったとしても、住居として**賃貸収益が出るような物件**を選定してください。新しいことを始めるときには、多かれ少なかれトラブルはあり得ますので、最悪の事態を想定しながら準備しましょう。

やむを得なく民泊を撤退する際についても、解説します。

撤退についても他の事業に比べて、比較的容易でコストがかからないのが特徴です。そろえているものが家電、家具、寝具なので、それらを買ってくれるリサイクルショップもありますし、無料掲示板「ジモティー」を使って引き取ってくれる人を探すこともできます。

使えそうなものであれば、フリマアプリの「メルカリ」で売れば、リサイクルショップより高値で売ることもできます。

このように撤退のときは比較的処分に困るものも少ないので、始めやすくて終わらせやすい点でも優れています。

これが、もしラーメン屋さんなどの飲食店なら、初めに資金をかけて設備投資をしたうえに、もしも原状回復までして渡すことにでもなれば、撤退だけで数百万円もかかります。

撤退が自宅民泊であれば部屋を片付けるだけで終わりですし、賃貸民泊も前述の家具家電を撤去するだけで撤退しやすいです。所有民泊も民泊をやめることになっても、居住用で賃貸できる物件であれば、家具家電付の部屋として貸すこともできるのでリスクはかなり下がります。

第3章

需要を探りながら実績を伸ばす賃貸民泊

民泊に向いているエリア・向いていないエリア

本章では、事業拡大を目指す人にお勧めの賃貸民泊を始めるにあたり、どのように物件を選び、どのように事業として進めていくかについて解説します。

まずは、「どこで民泊を行うのか」からです。宿泊事業には、**「向いているエリア・向いていないエリア」**があります。


都市部で向いているエリアとは、**「利便性は良いけれど、日本人に人気がなくて家賃が安いエリア」**です。

東京では六本木や麻布十番など、都心部の好立地は家賃が高くて人気があります。そういうところは借りる際のコストが高くついてしまうため、利益を出すのが難しいです。

東京なら東のエリア、上野周辺の商業地などは同じ山手線沿いのエリアで比較すると、日本人には人気のないエリアですから民泊向きといえるでしょう。

たとえば関西だと、2022年4月に新しくできた星野リゾートのホテル「OMO7大阪」のある新今宮や西成（にしなり）のエリアは、最近特に変わってきています。日本人からすると治安の悪いイメージがあり、あまり人気のないエリアですが、旅行客にとってはアクセスがよく民泊に向いています。

また東京でいうと、渋谷のスクランブル交差点は人気の観光地です。新宿の歌舞伎町や六本木、浅草も同じく人気がありますが、旅館業の許可の難しさでいうと渋谷区が厳しいといわれています。

つまり、渋谷か新宿でやるならば、新宿のほうがやりやすいけれどライバルが多く、渋谷のほうが許可は取りにくい分、ライバルが少ないエリアとなります。借りる際のコストは港区よりは安いかもしれませんが、基本的に高いです。

この辺りを狙うなら新宿にアクセスの良い駅、渋谷にアクセスの良い駅のほうが家賃は下がるため現実的です。

そもそも家賃が高いと採算も合いにくいです。家賃が2倍も3倍するからといって、宿泊単価も2～3倍も取れるのかといえば、そうはいきません。したがって家賃と比較して宿泊単価の高いところを選ぶと失敗しづらいでしょう。

その他、向いていない場所として、タワーマンションなどは、そもそも管理規約で禁止されていますし、高級住宅街や昔ながらの住宅地では、近隣からの反対も起きやすいです。

東京は西より東のイメージで、大阪なら北より南のほうが総じてやりやすいといえます。東京は港区や渋谷区に比べれば、浅草の台東区やスカイツリーのある押上のほうが家賃が低いのでやりやすいでしょう。

大阪では梅田と難波は2大民泊エリアですが、梅田周辺は日本人に人気があり地価が上がっており、民泊に向いている物件はなかなか出てきません。家賃も総じて高いですし、実際に家族で住んでいる日本人も多いので、そういうところで民泊をやって欲しくないと反対する人が多いです。

逆に、難波のあるミナミのほうが向いています。グリコの看板がある道頓堀エリアで飲食や買い物もすることを考えても、そこから利便性が良い日本橋などは、梅田に比べて明らかに家賃は安いです。また、ファミリーよりは単身で住んでいる方が多く、民泊に反対される可能性は比較的少ないのです。

外国人に人気の観光地周辺もお勧め！

よく「外国人に人気があるのは、どういう物件ですか？」と聞かれるのですが、一つは外国人が知っているエリアに近い物件、**もしくはそのアドレスが入っている物件**が挙げられます。詳しい立地を知らなくとも、「知っている名前のエリアだ」「有名なエリアに近い」ということであれば、興味を抱くものです。

また、観光地だけでなく、たとえば「ワインの産地だから知っている」「スキー場が有名だから知っている」というケースもあると思います。ピンポイントで有名という場合もあるので、海外からどんなイメージがついているのかを把握することは非常に重要です。

外国人に知られているエリアを調べるには、海外で販売されている日本のガイドブックを参考にするのが良いでしょう。

以前に韓国人のゲストが持って来られたガイドブックを見たところ、大阪の中心が「難波」（なんば）になっていて驚いたことがありました。日本人からすると、「梅田」と「難波」が大阪の中心部というイメージがありますが、海外の人からすれば「難波」だけが中心になるのです。

そのため関空から難波に移動。そして、難波から梅田、難波から神戸、難波から京都という移動手段を考えるようです。新幹線なら難波から新大阪に出て乗り換えるので、観光地が少ない梅田は、そこまで人気ではないというのも納得です。

東京なら新宿、渋谷、池袋などのハブ的役割も担うエリアと、観光地としての浅草、六本木、銀座などのエリアが有名です。

地方にある観光地でいえば、海外からみてブランドのある観光地で、そこに宿泊の供給が足りていないエリアが狙い目です。さらに利便性の観点でいえば、駅からではなく空港からの利便性も求められます。

パウダースノーで有名なニセコや、四国の道後温泉など、利便性は良くないですが、海外の人からも人気があるブランドの観光地です。

観光地ごとに好む人種が異なり、それによってニーズが変わる部分もあるので、十分なリサーチが必要です。

たとえば九州なら、韓国やアジア系の方が来やすいです。北海道のスキーリゾートは圧倒的に欧米の方が多いです。

なお、年間の稼働率により、どれくらいの売上が見込めるのか、どれくらいの運営コストをかけられるのかが変わります。

スキー場や海水浴場など一部の限られたシーズン中心に稼働する地域であれば、年間180日という宿泊制限のある民泊新法でも十分で、許可も取りやすいので民泊新法でも十分というエリアもあります。

最重要なエリア&需給リサーチ

続いて、さらに掘り下げてもっとも大事な「エリアと需給リサーチ」について解説します。具体的なポイントは以下になります。

・需要と供給のバランスを調べ、**「需要はあるが、供給が足りていないエリア」**を探す。
・具体的には「狙っているエリア」周辺のホテルや民泊を調べて、どのくらいの単価でどれだけ予約が入っているか（稼働率）を調べてみる（できればエクセルなどの表で一覧にしてまとめる）。
・周辺のホテルや民泊が高値でも、予約がかなり埋まっているなら需要があって供給が足りない狙い目のエリアだとわかる。
・逆に安値でも、どこもガラガラだったり、そもそもホテルや民泊がなかったりするエリアはそもそも宿泊需要がない可能性が高く、リスクが高い。

・いくら物件を既に所有していたり、今後人気が上がりそうな施設が近くにあったりしても、周りにホテルや民泊がなければ、そもそも需要がない可能性が高いので、特に初心者にはお勧めできない。
・需要がないエリアで新規にオープンするのは本当に大変なので、ある程度の経験者で自ら集客できる自信がない限りは極力やめておくべき。

重要なのは**「自分の主観」ではなく、「数字」で需要があるエリアを判断する**こと。

「ここのエリアが好きなので……」と言う人も多いですが、きちんと需給バランスを見たうえで判断しないと、失敗する可能性が上がります。

むしろ、もともと人気があって宿泊単価が高いエリアで物件をオープンできれば、お客さんが入ってくれる可能性は高いです。

それでは具体例を紹介しましょう。

私の友人で、松山の道後温泉の近くで民泊を経営している人がいます。道後温泉は日本だけでなく海外の知名度も高いため、世界各地から観光客が訪れます。それに伴って宿泊単価も高いのが特徴です。

ただ、道後温泉の周りで物件はなかなか出てきませんし、そもそも地元の人でなければ宿泊施設をオープンするのは難しいといえます。しかし、それだけ競合が少ないため、高稼働でかつ高単価で運営しています。

同じようなエリアは道後温泉に限らず全国にありますので、できればご自身の地縁があるエリアで似たような状況の物件を探してみましょう。

民泊では、**エリアと物件選びで成否の7~8割が決まる**といっても過言ではありません。すでにオープンしてからうまくいかず、相談される方も多いですが、エリアと物件が悪いとかなり厳しい戦いになります。最初にしっかりリサーチするようにしてください。

家具・設備選定とインテリアコーディネート・撮影

エリアと物件が決まれば、**宿泊施設のメインターゲット**を考えましょう。日本人向けなのか、外国人向けなのか、富裕層なのか、一般層なのか……これによって物件のつくり方も変わってきます。私の経験値からいうと**中間層から富裕層の外国人向けで、ファミリーでも宿泊できる宿**が総じて人気があります。

というのも、日本人一般層向けの物件だと、ホテルとほぼ変わらないからです。今は日本人向けのホテルはさまざまな場所に建っているため、新規参入して勝つのは容易ではありません。

たとえば、マンションタイプの1Kなど一般的なビジネスホテルと同じような間取りの施設を用意したとしても、各地にあるビジネスホテルにはサービス面で劣ることが多いといえます。

逆にホテルだと、ファミリーでも十分な居住スペースがあるのは一部の高級ホテルにあるスイートくらいですが、宿泊単価が高いのはもちろん、そもそも人気があって予約が取れないことも多々あります。

私自身、子ども連れの家族旅行ではホテル選びに苦労しています。そもそも小さい子どもも一緒にくつろげる居室があるホテルはかなり限られます。

そういう意味で、中間層から富裕層の外国人向けでファミリーでも宿泊できるような広い居室があるとニーズもあるため、高単価&高稼働率を狙うことができます。

そのため部屋の間取りは、**1LDK以上の2~10人程度が快適に過ごせる広さで、キッチンや洗濯機などを備えた施設**がお勧めです。

キッチンは長期滞在で自炊したい家族には必須ですし、洗濯機も長期滞在なら必須ですが、いずれもホテルだと手軽に使えない場合が多いので、これらの設備があるだけでも差別化になります。

また、インテリアコーディネートにこだわる場合は**自分でやらずにプロへ依頼することをお勧め**しています。

コーディネーターの探し方は、「ジモティー」や「クラウドワークス」などのサービスも活用できますし、大手家具店には家具のコーディネートのサービスもあるので相談してみてはいかがでしょうか。

最初にインテリアコーディネートを入れたあと、**プロのカメラマンに撮影**してもらいます（**図表3－1**参照）。カメラマンも「ランサーズ」「クラウドワークス」などで依頼できますし、「くらしのマーケット」でも探すことができます。

知り合いがいなくても、今はオンラインプラットフォームを活用すれば、プロに依頼できる時代です。ぜひ活用してみてください。

インテリアコーディネートや撮影は、本来なら分譲マンションやマイホームなどで行われてきましたが、それを取り入れることは効果的です。

集客用サイトにアップする写真として活用するだけでなく、売却時にも効果を発揮するので、インテリアコーディネートと撮影は押さえておきましょう。

図表3－1　コーディネート事例

中央にある邪魔な柱に、間接照明を付けて活かした例

テーブルの上に食器や小物でデザインした例

集客の基本、OTA攻略

集客は「OTA（オンライン・トラベル・エージェント）」、つまりネット集客が基本です。

たとえば日本人向けなら「じゃらん」や「楽天トラベル」などが代表的ですが、訪日外国人向けのOTAの**2大サイトは「Airbnb」と「Booking.com」**です。それ以外にも「アゴダ」「エクスペディア」「ホテルズドットコム」などさまざまあります。

ただ、たくさん登録すればするほど、レビューが分散してしまいますので、訪日外国人向けに特化した物件を作る場合は、まずは「Airbnb」と「Booking.com」に絞り込むのがお勧めです。

複数のOTAを使用する場合には、ダブルブッキングの懸念がありますが、「サイトコントローラー」を使うことで、在庫管理もシステム化できます。

100室規模のホテルでは、集客のために、たくさんの予約サイトを取り扱い、プランをたくさん用意して、煩雑な予約を受けるケースが一般的です。しかし前述したように民泊を1部屋だけ運営するのであれば「Airbnb」のみで集客することもできます。

OTAの「Airbnb」が予約システムや決済システムを備えているので、その仕組みに乗ることができるのが大きなメリットだと思います。

なお、決済システムは、「Airbnb」のように、各サイトにもついているところもあるのですが、「スクエア」や「ストライプ」といった決済システムもあります。

片手間でやりたい方から、本格的に取り組みたい方までの選択肢が、ハードの部分もソフトの部分も幅広いのでやりやすい事業です。

顧客対応の方法

続いて、顧客対応の方法を紹介します。

顧客対応は人によりますが、私の場合、よくある質問は英語が得意な方に文面を作ってもらい、テンプレートで案内するようにしています。そのうえで、個別に質問など来て自分でメッセージを返す際は「Google翻訳」を活用しています。

たとえば、AirbnbやBooking.comだとオンライン上の文面でやりとりするのですが、私のように英語ができなくても、ある程度対応できます。

また、「資料」の活用も重要です。住所、チェックイン&アウトの時間、物件までのルート、部屋の使い方、ゴミ捨てのルール、周辺の飲食店や観光地など、宿泊施設の運用で聞かれることは概ね決まっています。ですから、少し手間をかけてでも資料を作成して案内しておきます。一度作っておけば、以降は同じものを最初に案内することで問い合わせが減らせますし、顧客満足度も上がります（**図表3－2、3、4**参照）。

図表３－２　物件ガイド

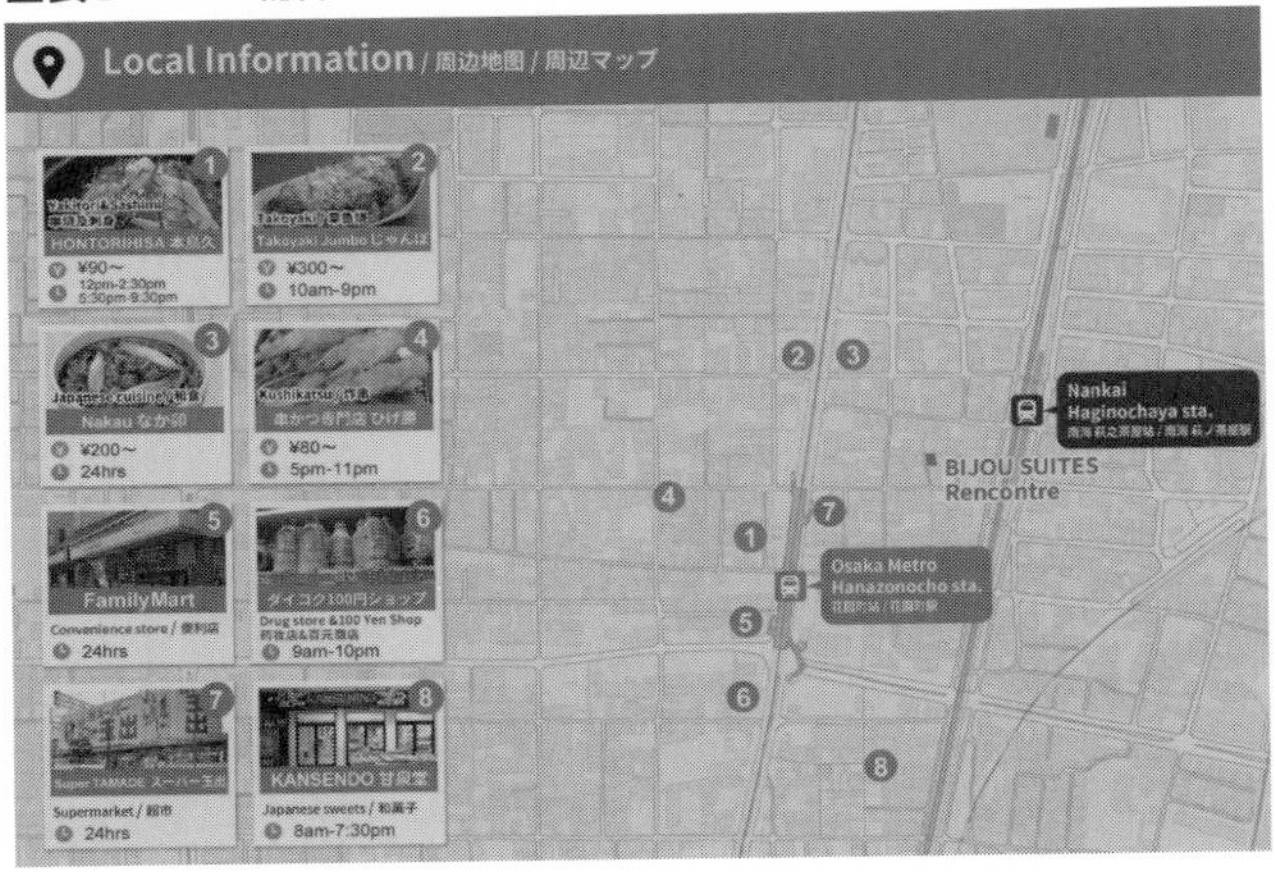

図表３－３　周辺ガイド

図表3－4　ハウスルール・家電の使い方

How to use the air conditioner
エアコンの使い方

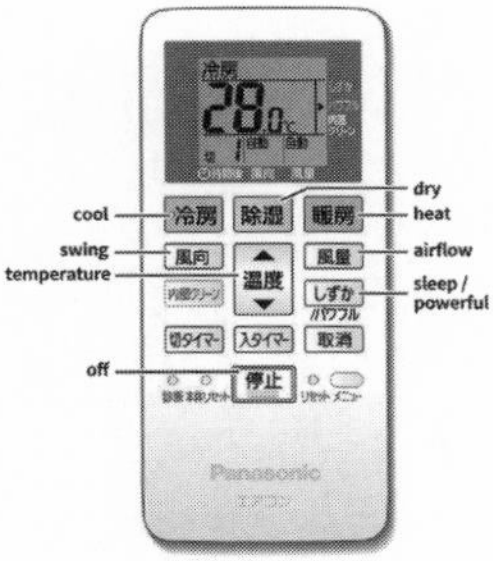

How to use the washing machine
洗濯機の使い方

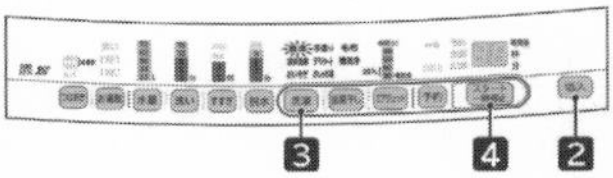

1 Turn on the faucet and put the laundry into the washing machine.
水栓を開き、洗濯物を洗濯機に入れます。

2 Turn on the power.
電源を入れます。

3 Set a washing course.
コースを設定します。
○標準（standard）　○おいそぎ（speedy）

4 Start washing.
洗濯をスタートさせます。

5 Pour some detergent in the washing machine and close the lid.
洗剤を洗濯機に入れ、ふたを閉じます。

Laundry is finished! (The buzzer rings.)
洗濯終了！（ブザーで知らせます。）

How to use the TV
テレビのリモコンの使い方

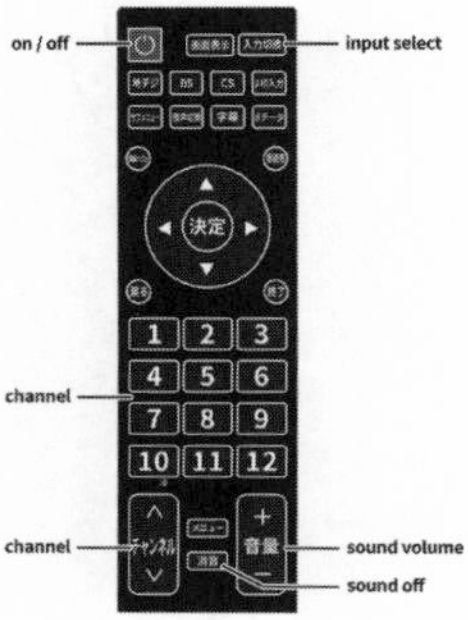

How to use the hot water supply system
給湯システムの使い方

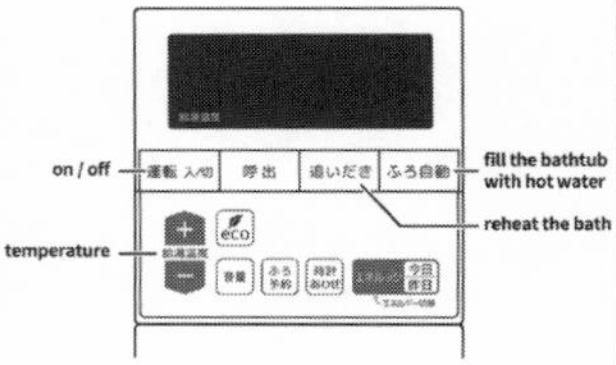

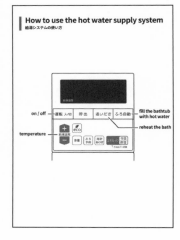

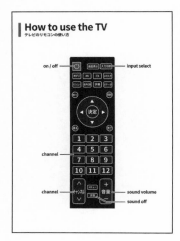

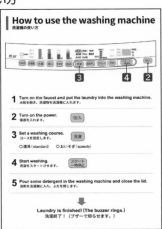

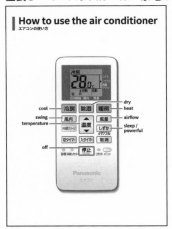

運営については、オーナー自身で行うのか、それとも運営代行会社に任せるかの大きく2パターンあります。

個人的にお勧めしたいのは、**最初の1～2軒目は自分でやってみる**ことです。どんな流れで、どれくらい手間がかかるのかを把握しておくと、今後は運営代行会社に依頼や改善の依頼がしやすくなります。

ただ、特に忙しい会社員の場合、自分で対応するのが難しいため、全国にある運営代行会社に依頼することを検討しても良いでしょう。

とはいえ運営代行会社は、質の良し悪しがかなり分かれますので、へたな運営会社に依頼するとトラブルになることも少なくありません。そうした意味でも、まずは少しでも自分で経験し、そのうえで信頼できるパートナーである代行会社を見つけて依頼することをお勧めします。

探し方は、近くで運営している知り合いから紹介してもらうのが一番です。紹介がもらえない場合は、ご自身でネット検索したうえで、各業者さんに問い合わせていく形になります。

一概に言えませんが、ネットや電話で問い合わせて、すぐに対応してくれて丁寧な業者さんは良い傾向にあります。逆に問い合わせてもなかなか返事がなかったり、対応が横柄だとゲストにも同じような対応をしている可能性が高いです。

任せてみないとわからない部分が多いので、まずは少し任せてみてどう対応しているかを見極めていくのが良いかと思います。

無人対応可能なチェックインシステム

無人対応可能なチェックインシステムの活用も検討しましょう。

タブレット端末、モバイルキーなどを活用することで、かつては対面でしかできなかった各種対応がかなり省略化できます。たとえば、スマートロック、リモートロック、タブレット端末を利用したチェックインシステムなどです。

しかし、オートロックの入口に付いた管理システムは10室以上ないと高コストになる可能性もあります。物件の収支を考慮しながら適宜取り入れるようにしましょう。

顧客満足度につながる清掃業務

清掃代行会社に清掃業務を委託することも可能です。ただし、運営代行会社と同様、その質はピンキリです。

ポイントは、事前に**「清掃チェックリスト」「清掃マニュアル」を作成**し、それに基づいて確認することです。参考までに「日本おそうじ代行」の宿泊施設清掃マニュアルから、手順を抜粋してご紹介します（**図表3−5**参照）。

なお、地方になると代行会社がほぼないので、「ジモティー」や地元ならではの広報誌などで、清掃業務をしてくれる人をご自身で見つける必要があります。物件近くにある飲食店や施設に募集の協力をしてもらうのも手でしょう。

地方になればなるほど人手が少ないため、何かしら協力してもらえる体制をつくることが大切です。手間はかかる分、そういった人材を確保できれば、周りはライバルが少ないのでかなりチャンスがあるといえるでしょう。

図表3－5　宿泊施設清掃マニュアル

●清掃時持参するもの

・清掃用ブラシ
・スポンジ
・ふきん
・拭き上げタオル
・大き目のタオル（バスタオル等）

●入室時

① 入室時の報告
② 入室時のチェック

●清掃手順

①タオル、マット類を洗濯機で洗う。
②ベッド（布団）シーツを剥がす。
③ベッド（布団）シーツをセット。
④ベッドメイク
⑤ 浴室、洗面所のクリーニング
⑥トイレのクリーニング
⑦キッチンクリーニング
⑧タオル類のセット
⑨拭き作業
⑩ Wi-Fi のチェック
⑪床のクリーニング
⑫水回りの拭き上げ、アメニティの補充・セット

●完了時

①作業完了報告
②退室報告

出典：Laugh Place 株式会社「日本おそうじ代行」宿泊施設清掃マニュアル

これから始めるなら高級民泊かグランピング！

最後に、初心者向けではありませんが、これから宿泊事業を本格的に始める人にお勧めしたいのが**「高級民泊」**と**「グランピング」**です。

かつては東京や大阪などの都心部で、いわゆる「都市型民泊」が大流行した時期もありました。これは都心部のホテルが足りなかったため、民泊に人が流れてきたことが大きな要因です。

しかしコロナ禍を通じて、都心部に新規ホテルが増えたと感じています。都心のホテルに勝つための宿泊施設はかなりハードルが高いので、都心で勝負するなら値段勝負の「格安民泊」ではなく**中級〜富裕層向けの「高級民泊」**を目指しましょう。居心地が良く、広くて長く滞在しやすい施設で、インテリアもSNS映えするものを選ぶことが大切です。

日本はホテルの総数に対して、ハイクラスのホテルが少ないといわれています。また、大家族で動くアジアのファミリー客のニーズに対応する宿も足りていません。

不動産投資も同様ですが1棟の建物に対して、細かく部屋を割って稼働率を上げるほうが収益性も高くなります。広い面積を使う高級民泊にするのは、狭い面積の従来の民泊に比べ収益が下がりますので、ライバルは減ります。その分だけ差別化できるというのもあります。

もしくはここ数年、コロナ禍で人が密集している都市部での宿泊需要が落ちていたなか、自然を満喫しながら、それでいて非日常を体験できるため、グランピングの人気が伸びています。日本人にもだいぶ認知されてきたのですが、近年は海外でもグランピングの需要が増えてきています。

ここで**「グランピング」**について簡単に解説をします。

キャンプといえば自分でテントを用意して、バーベキューや焚き火も自分たちで火起こしをするものです。道具の準備も必要で、アウトドアの経験がなければハードルが高いものです。

これがグランピングであれば、自然を満喫できて、焚き火やバーベキューができますが、テント内にはベッドやエアコンも付いて快適に過ごせます。

環境や景観の良さは施設によって変わりますが、サウナやジャグジー、場所によっては温泉もあります。こだわりのある施設ではシモンズのベッドなど、高級家具や家電が置いてあります。

インターネットも導入され、プロジェクターでＮｅｔｆｌｉｘが見られるなど、アウトドアとはまったく別物のぜいたくな施設も流行っています。

海外でいえば、アフリカのサファリツアーで、テントロッジに泊まってシェフの料理が食べられるようなツアーもあります。

他にも、ペルーには崖の上に泊まれるガラスのカプセルホテルがあります。ドームテントをミニサイズにして、よりスリリングが味わえる建物です。朝食と夕食がついて、ワインのサービスもあります。

これらに比べたら、日本のグランピングはそこまで本格的ではありませんが、キャンプというよりはリゾートの一種として浸透してきている状況です。

グランピングはライバルも増える傾向にありますが、ドームテントやコテージ、トレーラーなどは、一般的な建物に比べて設備自体がそこまで高価ではありません。コテージはともかくドームテント自体は数百万円、コットンテントにすれば数十万円です。どちらかといえば、土地の造成やインフラにコストがかかります。

土地の開発から行うような大規模なグランピング施設は、かなり参入障壁が高いですが、個人レベルで1つのドームテントを建てるなら、そこまでコストもかかりませんし、費用対効果でいえば大きいです。それでいて流行っていることもあり、**高級民泊並みの高単価が取れるのが魅力**です。今は日本人にウケていますが、今後は海外からの観光客も見込めると期待されています。

高級民泊もグランピングも、客単価を高く取れるのが一番のメリットです。

グランピングは民泊以上に景観や環境が価値になります。土地や物件の探し方は民泊とは変わってくる部分もありますが、うまくやれば予算をかけずに客単価と需要が勝ち取れますし、まだ歴史が浅い分野なのでチャンスがあります。具体的な事例は第7章で紹介しています。

第4章

民泊と不動産投資の相性がなぜ良いのか？

ここまでは民泊事業の優位性や始め方、運営のコツなどをお伝えしましたが、第4章では私の事業でもう一つの柱である不動産投資について解説します。

民泊も不動産投資もそれぞれ良いことばかりでなくデメリットもありますが、**売上が伸びやすい民泊事業**と、売上は伸びにくいものの、長期の融資が受けられて**安定経営がしやすい不動産投資**は相性がとても良いです（**図表4－1**参照）。

不動産投資の特徴としては、安定的な賃料収入を得やすい一方で、日本国内の賃貸業は人口減少により将来性が非常に不透明ともいえます。また、利回りもそこまで高くなく、けっして収益性が高いとはいえません。

ただし、不動産投資は民泊と比べて運営に手間がかかりませんし、土地や建物自体に価値もあります。また、オーナーチェンジ（入居者さんが既にいる状態）で売れる可能性があるため、出口もとりやすいといえます。家賃が2倍になって収益が爆増することはありませんが、長期的に安定した収入が期待できます。

インバウンド向けの民泊はその真逆で、たとえば民泊やグランピングなどの宿泊施設は高収益を得ることができる反面、出口は不透明です（＝売りたいと思ったときに希望額で売れないリスクがある）。

基本的に収入は不安定ですし、今回のコロナ禍のように大打撃を受けるリスクがあります。しかし、小さな資金で始めることができて収益性は不動産投資より高く、売上が作りやすいです。

また、不動産投資と客層がまったく異なるため、日本の人口が減少しても外国人旅行客が増えれば、売上はどんどん上がる可能性も高いといえます。

そもそも民泊も不動産投資の一種なので、所有物件を日本人に向けて貸すことができますし、インバウンド向けのお客さんに貸すこともできます。違うのは運営の仕方であり、この2つを組み合わせて行うことは、強みや弱点を補強するうえで非常に理にかなっています。

図表４－１

不動産投資のメリット

・融資のレバレッジを効かせやすい
・毎月の売上が比較的安定している
・外注化の仕組みが整っている
・インカムとキャピタルの両方を狙える

不動産投資のデメリット

・初期段階でまとまった資金が必要
・実績がないと融資を受けづらい
・高値掴みするとリカバリーが大変
・利回りが低いので、規模拡大しないと売上が伸びない

宿泊事業のメリット

・小資金でも始めやすい
・市況に乗れば売上を伸ばしやすい
・規模が小さく大手企業は参入しづらい
・事業ごとバイアウト（Ｍ＆Ａ）して売却益も狙える

宿泊事業のデメリット

・最初は自ら作り込む必要がある
・損益分岐点を超えないと継続が厳しい
・外的要因で大きく売上が上下する
・流行り廃りが激しいので常にアップデートが必要

不動産投資の進め方

ひと口に不動産投資といっても、さまざまな種類がありますが、まずは**小資金でボロ戸建再生から始め**、次に都心部ではなく少し地方の築年数が経っている鉄骨造やRC造の、**利回りが高くて毎月のキャッシュフロー（※）が大きく残る、一棟の収益物件を狙っていく**のがオーソドックスな手法です。

ある程度まで物件を購入して規模を拡大したら、リスクの高い地方一棟物件を売却していき、都市部の新築か築浅の木造・鉄骨造・RC造マンションなどに資産を入れ替えていきます。そこまで利回りは望めないものの、**資産価値が高くて将来的にも客付しやすい都心部の物件を持つ**ことでさらに事業が安定します。

※キャッシュフローとは？
毎月の家賃収入から、管理費などの経費と融資の返済額を引いた後の手残り金のこと

【代表的な不動産投資の種類】
・ボロ戸建再生
・地方の築古高利回り一棟物件
・都市部の新築＆築浅一棟物件

この順番で徐々に規模を広げながらリスク分散もしつつ、収益物件を買っていくのが王道です。各手法については詳しく書かれた書籍が複数あるため、ここではあえて詳しく解説しません。96ページに私のお勧め本のご紹介をさせていただきます（**図表4－3**参照）。

ただ、私の個人的なスタンスとしては、どれが良いというよりは、どれもメリットとデメリットがあります。その人の属性や資金、住んでいる場所、年齢や市況、状況によって戦略も利用できる融資も変わってくるため、一概にこれが良いという正解はありません。

どの手法でも成功している人はいますが、まずは自分と状況が近いほうの手法から取り組みつつ、**規模を拡げながら手法を組み合わせるのが良い**と考えています。

人にもよりますが、資金が少ない方であれば**小資金から始められるボロ戸建再生が取り組みやすい**です。数十~数百万円の手元資金があれば、その資金を元に現金でボロ戸建を購入することから始められます。これならリスクも低く、しかも高利回り物件が作りやすいでしょう。

リフォーム費用だけ融資を引くこともできるので、そこで不動産投資の基本である、**購入~融資~リフォーム~客付~売却**と、ひと通りの流れが学べます。最初の不動産投資としては取り組みやすいです。

ボロ戸建再生で不動産投資の基礎を学んだ後は、不動産投資や事業の実績（不動産の売却）をもとに融資を受けて、鉄骨やRCで法定耐用年数（**図表4-2**参照）が残っていて比較的融資が受けやすくて利回りが高く、毎月のキャッシュフローが残る物件を狙っていきましょう。そうすることで、毎月安定的な収益が得られるので、事業全体の収益性も安定します。

図表４－２　法定耐用年数

構　造	法定耐用年数
軽量鉄骨（厚さ３㎜以下）	19 年
木造	22 年
鉄骨造（厚さ３㎜超４㎜以下）	27 年
重量鉄骨（厚さ４㎜超）	34 年
SRC 造（鉄骨鉄筋コンクリート造）、RC 造（鉄骨コンクリート造）	47 年

ただ、地方で高利回りの築古物件は、建物や設備の修理費用がかかったり、トラブルが多かったり、将来的に考えると人口が減って空室が増える可能性があるなど、今はよくても将来的に不安が残ります。

そこで、前述したように、ある程度の規模になったら、一部の物件を都市部の立地が良い築浅物件に資産を入れ替えるのが賢明です。利回りが高くなくキャッシュフローは薄くても、資産性があって高い入居率を維持しやすいので事業全体として安定します。

立地が良くて築浅の物件はキャッシュフローが出なくても、保有期間は残債が減っていきます。耐用年数が残っている期間に売却できれば大きな値下がりがなく売却できることも多く、物件売却時に大きな利益を出せる可能性があります。

短期的にはキャッシュフローの出る築古高利回り物件が良いのですが、**中長期的には都心部の築浅物件のほうが売却時に大きく利益を残せる**ので、それらをうまく組み合わせながら規模拡大していくのが不動産投資の王道かと思います。

図表４－３　お勧めの本

●不動産投資（築古再生）

『元手50万円を月収50万円に変える不動産投資法』（小嶌大介・ぱる出版）
→築古再生系の元祖。関西メインの方は特にお勧め。
『100万円からできる「地方・ボロボロ一戸建て」超高利回り不動産投資法』（黒崎裕之・日本実業出版社）
→築古再生系で関東や地方メインの初心者向け。

●不動産投資（一棟収益）

『資産10億最速達成!不動産投資』（浅田あつし・すばる舎）
→一棟収益購入の実践ノウハウが詰まっていてお勧め。
『都市型不動産投資戦略』（中せ健・プラチナ出版）
→他では語られていない、都市型不動産の購入戦略が学べます。

●民泊運営

『特区民泊で成功する!民泊のはじめ方』（新山彰二・秀和システム）
→私の前著で民泊の法令や始め方を丁寧に説明。
『高収益民泊の教科書』（水田佳苗・秀和システム）
→高級・高単価の民泊物件に必要なノウハウが詰まってます。

●融資関連

『NOをYESに変える「不動産投資」最強融資術』（安藤新之助・ぱる出版）
→不動産の融資に特化しており、不動産融資を学ぶのに最適。
『現役融資担当者がかたる 最強の不動産投資法』（河津桜生・サンキュチュアリ出版）
→融資戦略と、昨今の不動産事情の裏側にも迫っています。

●売却＆戦略

『200万円から6年で20億円! 売却から逆算思考する不動産投資』（岡田のぶゆき・ぱる出版）
→売却など出口を考えた不動産投資本です。
『最速で億を稼ぐ! 不動産投資[成功の原理原則]』（木下たかゆき・ぱる出版）
→戦略的に規模拡大するための手法や考え方がまとめられてます。

購入目線はどう考える？

いくらだったら購入しても良いかという質問はよくいただきますが、一概に「いくら」とは言えません。

たとえば、東京などの都市部で資産価値のある土地の戸建であれば、利回り3～4％でも悪くないかもしれませんし、地方など都心から外れたところのボロ家なら利回り20％以上は欲しいなど、立地や物件によってさまざまだからです。

ただ、融資を活用して購入する場合は、周辺の相場賃料で貸したときの家賃から、融資の返済と経費を引いてもお金が残る（キャッシュフローが出る）ことは絶対条件です。**融資や経費を支払って赤字になるようであれば、絶対に買ってはいけません。**

民泊運営を前提にしている物件の場合は、民泊運営したときの売上で収支計算した、いわゆる「民泊利回り」で物件を紹介・販売している業者も多いです。

しかし、今回のコロナのように何らかの影響で、売上が大幅に落ちたときは採算が合わなくなります。最低限、賃貸で貸した場合でも、キャッシュフローが出る金額で購入することを強くお勧めします。

具体的な収益性に関しては地方なのか都心なのか、観光地なのか商業地域でもだいぶ変わります。

都会であればあるほど土地の価値は上がるので、収益性があまり高くなくても売却したときに値下がりする可能性は低く、市況が良ければむしろ高く売れる可能性もあります。民泊をしなくても土地として価値があればリカバリーできます。

しかし、地方の場合はそもそも土地値が高くないので、賃貸にした場合でも収益性がある程度なければ、資金を回収して利益を作るのは難しくなるかもしれません。

また、宿泊事業を前提にした物件の場合、もし近隣住民からの反対が起きたときはつぶしが効きません。ですから**普通賃貸やテナントなど、他の運用をしてもある程度は回る物件**かどうかを精査してから購入を検討しましょう。

購入した物件で民泊運営できれば収益は倍増

賃貸物件を買い増していく戦略もありますが、購入物件の一部で民泊運営するのも面白いでしょう。

賃貸用として購入した物件で民泊運営ができれば売上は倍増します。そこで初めて賃貸業と民泊の組み合わせにするメリットが出ます。

たとえば、賃貸の民泊だと大きなリフォームは大家さんの許可も必要ですし費用もかかります。しかし、自己保有なら大きなリフォームもかけた分は物件の付加価値につながります。その目線でも購入していくことのメリットは大きいです。

また、賃貸であればできない間取り変更、大胆な改装も可能です。

私の場合、新築で民泊物件を建てたのですが、間取りもゼロベースから作り、民泊で競争力がある間取りや差別化を意識して「下がり天井」を入れました。天井を下げて間接照明を当てると雰囲気が出ます（**図表4－4**参照）。

こうした造作を入れた物件は賃貸で探してもほぼ見つかりません。大掛かりな工事になりますが、購入した物件なら物件自体のバリューアップとして残ることはメリットといえます。

さらに自分で運営するだけでなく、民泊したい人に貸すことで家賃を上げられるので利回りを上げられます。

このように**購入した物件で民泊ができると、複数の戦略を取れる**のが特長です。

図表4－4　下がり天井

天井を下げて間接照明を当てる「下がり天井」でオシャレな雰囲気に

マンスリーやレンタルスペースとしての活用

物件によっては宿泊事業だけでなく、マンスリーやレンタルスペースなどに利用することも可能です。

そのため、物件探しの際は民泊にこだわる必要がありません。もちろん民泊向けの物件が今後に値上がりする可能性は高いのですが、物件によってはレンタルスペース、トランクルーム、マンスリー、シェアオフィスなどさまざまな活用用途を考えるべきです。

コロナ禍ではレンタルスペースのニーズが高まってきましたが、**時代とその物件の立地に応じて、適した運営方法を柔軟に選んでいく**のが良いでしょう。

民泊事業はコロナ禍で落ち込んだ時期があった一方で、コロナが明けたこれからは上昇する可能性が極めて高いといえます。ただし、中長期的に見れば、再び市場が急落するリスクもあります。

そこで安定性が高い賃貸不動産も所有することで、万が一の出来事があったとしても、ダメージを緩和して事業が継続しやすくなります。賃貸でも民泊でも同じ不動産であることは変わりません。時代に合わせてアレンジしていけば高い収益を維持することも可能です。

レンタルスペース運営時の注意

180日という営業日の上限がある民泊新法では、宿泊事業で使っていない間の活用を考える必要もありますが、前述したレンタルスペースとの併用はできません。

【レンタルスペースとの併用】
・旅館業　可能

・特区民泊　自治体の判断による
・民泊新法　不可

なぜなら民泊新法は、あくまで **「住宅を民泊として使用するための届出」** となっているため、住宅以外の目的に使えないのです。

東京都産業労働局が発行する「宿泊事業ハンドブック」にも「宿泊以外の用途（時間貸しなど）に使用させないでください」と明記されています。

そのため民泊新法で運営する場合、180日の宿泊以外はマンスリーなど1カ月以上の宿泊予約を補う必要があります。都市部であれば、「グッドマンスリー」（https://www.good-monthly.com/）などのマンスリー専用のサイトがあります。

そのため第3章で紹介した地方のブランド観光地など、もともと180日以下しか予約がないような物件には向いていています。

不動産賃貸業を始めるのに最初は何をすべきか？

それでは、不動産賃貸業をどう始めれば良いのかを見ていきましょう。次章で解説する融資の話とつながりますが、**まずすべきなのは「物件探し」ではなく、「銀行開拓」**です。自分がどの金融機関から、どういった融資条件で融資を受けられそうかを把握します。そのうえで物件を探すことが大切です。

初心者の中には先に物件を探す人も多いですが、順番は逆なので注意してください。数多くの不動産投資本がありますが、その大半は特定の手法を伝えることにフォーカスしているため、「どんな物件を購入すべきか」という買い方から学ぶ人が珍しくありません。

たとえば、「築古・高利回り物件から始める不動産投資」という本であれば、築古物件の買い方や選び方の解説がメインになります。他にも「新築アパート」「中古マンション」「中古ワンルーム」など、物件の買い方や選び方が中心になっていることがほとんどです。

しかし、そもそも融資を受けることができなければ、いくら良い物件を見つけられても意味がありません。融資可能額が数百万円しかなければ、「築古物件しかない」という可能性も十分あるわけです。

とはいえ、今回のテーマである民泊事業の場合、一般的な不動産投資よりも会社員としての属性がそこまで問われないのが特徴です。

というのも、数年前から不動産投資を始めたい人は急増していますが、融資のハードルが高く、「自己資金が多い・年収が高い」など属性の良い限られた人だけが買えている状況です。

ところが、**民泊であれば高年収でなくても融資が引ける**のです。民泊で売上をつくることができれば融資が受けやすくなり、普通の賃貸物件も買いやすくなるでしょう。したがって、不動産投資を始めたい人にとっても、民泊から事業をスタートすることは合理的な戦略ということです。

攻めの民泊、守りの不動産投資

ここで私の実例を紹介しましょう。

私の場合、宿泊業の許認可を取った2017年あたりから民泊事業の売上を増やしていき、運転資金も引いたうえで、**民泊で上がってきた収益を原資に築古のボロ物件を購入**しました。

それを民泊用の物件に仕上げて**高値で売却した現金を合わせて、その実績をもとに一棟の収益物件を購入**しました。

私のような買い進め方をしている人は非常に珍しいですが、民泊ブームが再来すれば同じようなチャンスをつかめる人も増えると予測します。つまり、今後において非常に可能性のある取り組み方ではないでしょうか。

民泊事業だけをしている人からすると、「そんなに民泊で利益を出しているのに、なぜ収益率の低い一棟物件を買うのか?」と疑問に思われるかもしれません。

しかし前述したように、民泊事業よりも賃貸不動産のほうが安定収入を得やすいので、事業全体のポートフォリオを考慮すると、**民泊と不動産賃貸業の両輪のほうが経営は安定する**と私は考えています。

実際、今回のコロナ禍における想定外の出来事により、収入が激減して民泊事業を撤退させた友人も多くいました。もし、その人たちに賃貸事業の安定収入があれば、撤退する必要はなかったはずです。

そういう意味で、私は住宅の賃貸事業は、売上全体の50％以上あるのが理想的だと考えています。**民泊事業が「攻め」、賃貸事業は「守り」**というイメージです。

第5章

そもそも、なぜ融資を使うのか？

第5章は、**不動産投資では必要不可欠ともいえる融資**がテーマです。
日本人には「借金をしては絶対にいけない」というかたくな考えが根付いています。それは幼少からの家庭教育が大きく影響しているため、事業を行っている経営者であっても、無借金経営にこだわる人が少なくありません。

結局のところ、借金（融資）自体が悪いわけではなく、どのような融資を受けて、何に使うかが重要なのです。

たとえば、サラ金（高金利）で借りて、パチンコなどのギャンブルで使うのは明らかに間違った使い方ですが、日本政策金融公庫（公庫）など金利が低い金融機関から借りて、事業を行うのはむしろ推奨されています。

150万円で民泊事業を始めるために何年もかけて貯金をするよりも、低い金利で借りて早く始めるほうが、その間に収益を生みます。プラスの収益を上げれば、返済分も収益からまかなうことができます。

規模は違えど、多くの企業も融資を受けて事業を拡大しています。つまり、**融資による資金調達は事業にとって必要なもの**なのです。

デメリットは金利以上の利益を稼ぐ必要があることです。それに元金を減らしてしまうと返済に困るので、できれば最初は慣れるまで小資金から始めるのが賢明です。不相応な融資や事業展開は避けるべきですが、融資を受けて小さく始めるのは、むしろ良いことです。特に若い方や女性は公庫などでも優遇がありますし、早く始めて経験値を積むほうが大きな価値を持ちます。

昨今は「利上げが心配」という声も聞きますが、30年ほど前のバブル全盛期は住宅ローンでも6~8%で高金利でしたし、今は海外で融資を受けようとすれば同じくらいの金利基準です。そう考えると、現状はまだ日本で融資を受けても金利は比較的安いので、多少の金利上昇リスクは考えつつ、上手に融資を活用しましょう。

運転資金と設備資金

大前提として、不動産投資で使う融資と宿泊事業で使う融資は違います。不動産投資の場合は、購入する不動産を担保にするのが基本となる「有担保融資」です。また、融資の種類も「アパートローン」と呼ばれるサラリーマン投資家向けの商品を使うケースが多いです。

対して宿泊事業の融資の場合は、「プロパー融資」か「保証協会付き融資」といわれる事業融資が基本となり、**「運転資金」と「設備資金」の2つ**に大別されます。「運転資金」は事業に対しての融資で、私もかつては物販事業を始めるときに運転資金を受けました。

一方の「設備資金」は、不動産購入としても使える資金です。不動産の場合、その不動産自体に設備としての価値が認められています。

不動産投資をしている人だと、設備資金しか知らないことが多いのですが、民泊などの宿泊事業をしていれば、運転資金の融資も受けられますので、この2つを並行して受けるのもお勧めです。

どの金融機関から攻めるか？

物件を買うにあたっては、融資戦略を事前に考えておくことが非常に重要です。最初に考えるべきは、「どの金融機関から攻めるか？」です。そもそも自身が融資を受けられない金融機関の情報を持っていても仕方がありません。「どういうエリアで、どういう物件に、いくらの融資がつくのか（運転資金を引けるのか）」を知ることから始めましょう。

まずは、金融機関の種類を解説します。

・都市銀行
・地方銀行
・信用金庫・信用組合
・ノンバンク
・政府系金融機関（日本政策金融公庫・商工中金）

都市銀行は誰もが知っている有名な金融機関で全国展開をしています。地方銀行は県ごとにあるものですが、銀行によってはエリアが広いです。信用金庫・信用組合は営業エリアが限定的であることが多いです。

金融機関にも格があり、**都銀～地銀～信金・信組～ノンバンク**の順番で、上のほうが金利は安い傾向にあります。

できれば低金利で借りたいですが、事業ステージや属性（年齢・年収・勤め先の信用・資産背景など金融機関による個人評価）や、住んでいる地域によって使える金融機関は変わります。また、融資が厳しく借りにくい時期、借りやすい時期があります。

一概に金利が安いから良くて、高いから悪いというわけでもなく、金利が低い融資では、新築アパートなど手堅いものが好まれます。しかし、手堅い分だけ利回りが低くてそこまで収益は出ないことが多いです。

逆に、信金・信組やノンバンクは金利が高い分だけ、築古で高利回りの物件に融資をしてくれる場合があります。たとえ高金利であっても、**使い方と組み合わせ次第**でしっかり利益は残ります。

創業支援などスタートアップ向けの融資

融資の入口に向いているのは、**日本政策金融公庫による「創業支援融資」**です。事業開始後7年以内なら、低い利率で融資を受けることができます。特に若者や女性、シニアに対しては優遇制度もあるので、使える制度があるか問い合わせをして活用してみましょう。

賃貸の民泊を始める際には、敷金、礼金、家賃、家具・家電、許認可を取るための費用、リネンなどの初期コストが発生します。それらを試算したうえで、新規事業を始めるということで、日本政策金融公庫に打診すれば、融資を受けられる可能性があります。もちろん、自己資金を用意して始めるのも良いのですが、日本政策金融公庫を使って融資を受けることで融資の実績ができます。それによって次の融資にもつながります。実際、私が運営するコミュニティの中で何人も融資を受けています。

事業実績をもとに融資を受ける

事業実績がある程度できてくると、都市銀行、地方銀行、信用金庫、信用組合などの金融機関から融資を受けるのが次のステップです。

ただ、融資にはその人の事業規模や資産背景、本業のある人は本業の年収などもかかわってきます。そのため、人によっては融資を受けるのは難しい……ということもあります。そんなときに利用しやすいものに**「保証協会付き融資」**があります。

保証協会は各都道府県にある機関で、そこを通して各金融機関から運転資金を借りることで、銀行からするとリスクが下がり、初心者でも融資を受けやすくなります。最初に日本政策金融公庫から融資を受けることができましたら、次は保証協会付きを利用して、他の金融機関に取り引きを持ち込んでみましょう。

また、不動産を購入するのにサラリーマンが使いやすいのはアパートローンです。

その他に、保証など付けずに金融機関から直接融資をしてもらえるプロパー融資があります。事業者として実績を伸ばしていくと条件面が良くなっていくので、毎年決算書を良くしていき、より良い条件で融資が引けるように心がけましょう。

金融機関開拓方法は、大きく「飛び込み」と「紹介」に分かれます。

「飛び込み」の場合、金融機関としても融資をして良い人なのかを慎重に判断しなければなりません。そのため、さまざまな部署をたらい回しにされた挙句、軽くあしらわれることもあります。

金融機関へのアプローチ方法としては、できれば紹介が好ましいです。まず周りで金融機関を紹介してくれそうな人に声をかけてみましょう。

すでに融資を受けている先輩大家さんや事業家から紹介を受けた場合は、最初から支店長に挨拶をして具体的な話を進めてもらうこともあります。

もちろん、誰の紹介でも有利になるわけではありません。可能ならば、**その金融機関と同じエリアの不動産投資家か事業家の人に紹介してもらう**のがベターです。

私はそうやって紹介から面談に漕ぎつけた、金融機関の特徴をまとめたリストを作成しています。「どういうエリアで、どういう融資をしているのか？」というのは、金融機関によって変わるので、そうしたリストを作成しておけば、いざ物件が出てきたときの資金調達がスムーズに進むようになります。

融資の具体的な組み合わせ

融資の基本を学んだところで、融資の具体的な組み合わせを考えてみましょう。不動産投資（設備）、宿泊業は事業資金（運転）。金利や融資年数などの条件は、資金調達する方法や使用用途によっても変わります。どんな融資を何に使うか、これの組み合わせ方が重要になります（**図表5**参照）。

図表５　融資の具体的な組み合わせ

◎　利回り９％の不動産物件を購入するため、地方銀行から金利１・５％、期間 25 年で不動産を担保に融資を受ける

利回りは高くないけれど金利が安く、期間も長いため、毎月キャッシュフローが出る。持っても売っても良い買い方。

○　初期費用２００万円をかけて賃貸民泊を始めるのに、日本政策金融公庫から創業融資として運転資金を金利２％、期間７年で借りて運営を始める

金利は少し高く、期間も短いが、民泊として高収益が出るのであれば、少し高い金利や短い期間でも毎月の収益が出るのであり。

×　利回り 20％の戸建不動産を購入するのに、クレジットカードのフリーローンを金利 14・５％で借りる

高い利回りの中古不動産でも、フリーローンだと金利が高すぎて毎月のキャッシュフローが出ない。また、フリーローンだと次から融資が厳しくなる。

起業と同時に融資を受けた私の事例

民泊事業に関する書籍はたくさんありますが、そもそも民泊事業への融資についてまったく書かれていないものがほとんどなので、「副業でもお金を借りられる」ということを知らない方も多いかと思います。

私の場合、サラリーマンをしながらの副業時代に、**物販の創業資金として運転資金500万円を日本政策金融公庫から借りて**います。その次の車のコーティング事業でも、設備資金を借りました。

残念ながらコーティング事業は失敗して1年で撤退しましたが、2017年に特区民泊の申請を行い、そこで得た特区民泊の許認可をもとに、**運転資金の1000万円を保証協会付きで融資を受ける**ことができました。

序章でも述べましたが、当時、民泊事業はうまくいっていたものの、コーティング事業では500万円の赤字を出していたため現金が枯渇していました。運転資金の融資がなければ、事業を広げることもできず、場合によっては破たんしていたかもしれません。

不動産投資よりも民泊のほうが借りやすい!?

なお、私はすでに独立していましたが、同じ融資を会社員で受けた方も珍しくありません。宿泊事業は元手が必要なイメージもありますが、**融資を受けて事業を始められる可能性も十分ある**ということです。

なぜなら、通常の不動産投資の場合は年収や勤務先などの属性が、会社員の融資条件を大きく左右しますが、新築シェアハウス「かぼちゃの馬車」破たんやスルガ銀行の不正融資問題以降、会社員の融資がそもそも難しくなっています。

しかし宿泊事業の場合、事業での売上がしっかり出ていれば、その実績をもとにさらに融資を受けられる可能性が高くなっています。融資をどんどん受けて事業規模を増やしやすい市況なのです。

また、事業を行う上で利益を増やすことは大切ですが、保証協会付きの融資では利益だけでなく売上（年商）をチェックします。

たとえば、「年商500万円、利益250万円の事業者」と「年商5000万円、利益250万円の事業者」があった場合、利益は同じでも年商5000万円のほうが受けられる融資金額は高くなります。

ですから、もちろん利益を伸ばす事業も大事なのですが、売上を伸ばして次につなげる賃貸の民泊はお勧めといえます。ちなみに、**不動産投資で融資を引けなかったけれど、民泊では融資を受けられたサラリーマンの方**も実際にいます。

補助金、助成金について

ここまで融資の話をしてきましたが、補助金と助成金についても軽くお話しします。事業を運営している人にとって有事のリスクヘッジになります。

私自身、コロナ禍になって勉強し、さまざまな補助金と助成金を受けることができました。よく税理士や司法書士、専門のコンサルタントに多額の謝礼を支払って補助金や助成金を受ける人もいますが、自分で申請してもそこまで難しくないものが多いです。実際、コロナ禍で持続化補助金や家賃支援給付金は自身で申請しました。

またコロナ禍だけでなく、震災や風災といった大災害や経済ショックに対しての補助金や助成金もあります。

私のコミュニティーのメンバーは、2019年にレンタルスペースを始めており、事業規模は小さかったものの、コロナ前に開業している実績があったため給付金などを受けることができた方もいました。

たとえ副業レベルでも、事業をしていれば救済措置の対象になるので、今回のコロナ禍が終わったとしても、今後、天災や経済ショックなどが起きたとき、使えるものが出てくる可能性は大いにあります。補助金や助成金については、随時最新情報をチェックして、申請できるものは活用していくのがお勧めです。

第6章

購入時から複数の出口を考えておく

本章では、物件売却による出口戦略について解説しますが、最初にお伝えしたいのは**「購入時から複数の出口を考えておく」**ということです。

「購入した物件は、ずっと持ち切るのか？　それとも、誰がどんな目的で購入してくれそうな物件なのか？」を最初からいくつかパターンを考慮したうえで、購入すべきです。

たとえば、収益物件なら**サラリーマンが1棟目で購入しやすい物件**、あるいは実際に住まれる方が**住宅ローンで購入しやすい物件**、**外国人が投資目的でも買ってくれそうな民泊物件**など、購入時からなんとなくでも想定しておくイメージです。

出口戦略としては「売却」だけでなく、「しばらく持ち続ける」という選択肢もあります。キャッシュフローが安定的に出ている物件なら焦って売る必要はありませんし、たとえ売却時に購入時よりも安い価格でしか売れなくても、投資期間全体で収支がプラスになるのであれば「あり」でしょう。
出口を売却に絞り、値上がりだけを期待して購入した物件の場合、資金繰りの関係で売り急ぐ、あるいは予定していた売却価格で売れないなどのリスクが高まります。できる限り、複数の出口を持つようにしましょう。

最終的にいくらで売却するかは、物件・本人（法人）・市況の状況や戦略によって変わるものです。一概にどうとは言い難いですが、「利益が出ていて売りたくない時期」ほど高く売れる傾向にあり「赤字になっていて早く処分してしまいたい時期」ほど売りづらく、安くしか売れない傾向にあります。
個人的には、たとえ利益が出ていても、そこそこ良い金額で売れそうなら売ってしまったほうが利益を確定できますし、現金が確保できて決算書も良くなるので、定期的に売却をからめていくことをお勧めします。

また、民泊物件を売却する場合は、すぐに運営できるようにこちらで消防設備を整え、家具家電も用意しておくのが良いでしょう。

初心者や外国人の場合、どのように許可を取得できるかを知らない人が大半ですし、家具などをそろえる手間も省いておくことで、購入者が買いやすくなります。

宿泊用の民泊物件は、どんな消防設備が必要なのかを消防署などに確認し、その上で設備を取り付けて物件をいつでも運営できる状態にしておくことで、高値で売れる可能性が高まります。

第2章で解説した**インテリアコーディネートとプロに撮影してもらった写真**があれば見栄えも段違いに良くなり、その写真を売却時にも掲載することで、反応がかなり変わってきますので、ぜひ活用しましょう。

転貸民泊の売却

転貸の民泊は「借りた部屋で行っている宿泊事業」です。自分が所有しているわけではないため、「売却はできない」と思われている方も多いですが、**所有していない物件でも、事業譲渡することができます。**賃貸物件の事業譲渡は大きく分けて2種類あります。

①賃貸物件の名義変更をして許認可を取り直す
②法人ごと事業譲渡して運営を引き継ぐ

①の事業譲渡の場合は、少し手間がかかります。まずは賃貸物件なので大家さんか管理会社に連絡して、退去せずに名義変更できるかどうかを確認します。

こちらで売主を探して現状のままで譲渡するので、大家さん側からすると家賃の振り込み元が変わるくらいです。

すんなりＯＫをもらえることもありますが、賃貸人が変わるので礼金を求められたり、家賃を上げられたりすることもありますので、あらかじめ確認しておくのが良いでしょう。

そして無事に大家さんから名義変更する許可がもらえたら、そのときにかかる費用なども踏まえたうえで事業譲渡の値段設定をしましょう。譲渡金額の目安はまだ事例も多くないので一概にはいえませんが、営業利益の1～3年分くらいが目安です。

「ＴＲＡＮＢＩ（トランビ）」という事業承継・Ｍ＆Ａサイトがあるので、そこで直近の似たような事例を見つけて金額をつける、売却を打診してみるのも良いかと思います。

②の法人ごと事業譲渡する方法は、Ｍ＆Ａや株式譲渡などで会社ごと譲渡するため、賃貸の契約も旅館業の許認可なども法人ごと引き継ぐことができます。

そのため、①と違って名義変更はしなくて良いので、譲渡後は比較的ラクです。ただし、法人でも複数の事業をしている場合は、それらをすべて査定したうえで事業譲渡する必要があるので、違う意味で少し複雑です。

そのため、法人ごと売却しようと考えている場合は、民泊事業だけにして購入側にも査定しやすい形にするためにも、初めから法人ごとに事業を分けておくほうが良いでしょう。

そして、なにより民泊の売却において、もっとも重要なのは実績です。

宿泊事業をしていて一番よく聞かれる質問は、「どれだけ売上が上がっていましたか？」という実績に関するものです。高稼働して多額の売上を出している物件ほど、当たり前ですが高く売れます。

数年単位で宿泊事業を運営している人なら、毎月の売上や経費などのデータを集計しておき、それをエクセルなどの表にまとめておきましょう。年間の売上や収益がどれだけ出たかを資料としてまとめておくことで、次に買う方も安心して購入することができます。

実績がなかったとしても、ある程度慣れている運営代行会社さんとお付き合いがあるなら、周辺の実績をもとに売上や経費を含めたシミュレーションをお願いするのも良いでしょう。そのシミュレーション表を提出することで、購入者側も安心感が高まり、売却しやすくなります。

賃貸不動産物件の売却

基本的に不動産賃貸業の売上は賃料収入です。リフォームをしたり新しい設備を導入したりすることで、家賃を数千円単位で上げることは可能ですが、おおよその上限は決まっており、急に倍になるようなことはありません。ですから賃貸不動産で売上を増やすためには物件を増やす必要があります。

逆に空室が続くと、その空室分だけ売上がマイナスになります。突発的に複数の退去があり、修繕費が多額にかかるようなことがない限りは、想定した中での上げ幅と下げ幅となります。

これに対して、例外となるのが売却です。不動産賃貸業でも**売却したときだけは突き抜けた利益が出る**可能性があります。

ここで注意点があります。売却による利益は、通常の利益（経常利益）ではなく、特別な利益という扱いになり、決算書上も「売上」に計上できず「特別利益」に計上されます。

そのため、金融機関からみると売却による利益は「今年だけの一時的な利益」と見えてしまい、大家業だけだと会社の評価につながりません。この点については、次項で詳しく解説します。

売却のメリット・デメリット

売却することのメリットは、手元のキャッシュが厚くなることですが、前述したように賃貸業で売却による「特別利益」は金融機関に対して評価につながりにくいです。金融機関は総じて「特別利益」ではなく「経常利益」を好みます。そこで売却により利益を上げて決算書を良くするためには、**不動産賃貸業（不動産を賃貸して利益を上げる会社）から宅建業（不動産売買取引をして利益を上げる会社）**になることも検討しましょう。

そうすることで、物件の売却益を通常の「売上」に計上できて、「特別利益」ではなく「経常利益」となります。

そもそも不動産賃貸業の会社は、不動産の売却を継続して行うことを禁じています。そのため、あまりにも頻繁に売買しているとコンプライアンス違反（どれだけ売買すると違反なのか、明確な基準はありませんが）を指摘される可能性があります。

簡単にいえば、不動産を買ってすぐ売るような転売をしてはいけないというルールになっています。

そのため**売却を積極的に行う場合は、宅建業の許認可を取る**ほうが良いでしょう。そのほうが定期的に売却を絡めて、含み益を現金化することが可能になって銀行受けも良く、そもそも法的にもクリアです。

売却して得た利益は一時的に税金を払う必要はありますが、決算書上は純資産を積み上げることになるため、結果的には翌年の法人決算書が良くなります。

その結果、手元資金と純資産が増えて、金融機関からの評価も上がってさらに融資も受けやすくなるので、これにより不動産物件が購入しやすくなります。

対するデメリットは、物件を売却してしまうと一時的に売却益は出ますが、毎月安定的に上がっていた家賃収入が減るため、一時的に事業規模が小さくなってしまいます。

また、購入時と同じく仲介手数料などの手数料がかかるため、安く売却してしまうと苦労の割に手元資金は増えません。

ですからいくらで売却するかは「保有期間中の家賃がいくら入ったか?」「融資を使っているなら残債はいくらになったか?」などを踏まえて、売却価格を決めていきましょう。

専任媒介と一般媒介の違いとは？

民泊物件としての売却ではなく、一般的な不動産売却の際には、不動産会社に売買仲介を依頼しますが、**「専任媒介」（1社だけが売買を取り扱う媒介契約）**ではなく**「一般媒介」（複数社が売買を取り扱える契約）**で依頼することで、売却してくれる業者が何社かある状態にすることが大切です。

不動産会社の営業担当から「専任媒介なら1社が注力して取り組むので、高く売りやすいですよ」と説明されることも多いのですが、専任媒介は、その会社が両手仲介（売主・買主双方から仲介手数料）を取りたいがために、情報を外に出さずに購入者を見つけようとするケースが多いです。

売却までに想像以上の時間がかかったり、「高値で売れる」と言っておきながら「売れないので値段を下げましょう」と言われたりして、結局は安く売る羽目になる可能性があるため注意しましょう。実際、私の周りには専任媒介で依頼して苦労している人もいます。

専任媒介では、「レインズ」（宅建業者間の情報ネットワーク）への掲載義務がある一方で、一般媒介ならその義務がありません。「レインズ」に情報を出すと多くの業者が取り扱える分、中長期間掲載されていると「売れ残り感」が出てしまうのもデメリットといえます。

「レインズに掲載せずにどうやって売るの？」と心配される方もいるかもしれませんが、独自のネットワークを持ち、富裕層や海外の顧客を抱えている会社もあれば、不動産投資家へ直接物件情報を送ることのできるメルマガや、公式ＬＩＮＥを持っている不動産会社も珍しくありません。

いずれにせよ、優良顧客のいる独自ルートの売り方を知っている業者に複数依頼できるのが理想ですが、一般媒介で情報を出すと、業者としても「あちこちに出ている物件だから」と力を入れないリスクもあります。

くわえて、あまりたくさんの業者に一般媒介で依頼をすると、問い合わせが複数社からきてその対応だけでも大変になってしまいます。できれば**売却に強そうな3～5社くらい**に厳選するのが理想です。

「レインズ」掲載の考え方

なお「レインズ」に登録するかどうかは、プロでも判断が分かれる悩ましい問題です。私のやり方は、5000万円以下の物件なら「レインズ」に出して広く周知しますが、規模が大きくて比較的売りやすい一棟物件であれば、最初は未公開情報として、あえて表に出さない形で売っていく方法をとります。

これまで付き合いがある業者、売却が強そうな業者を何社かに絞って情報を出して様子見することが多いです。

「レインズ」掲載の注意点ですが、「レインズ」に情報を出すと客付け業者が別になって両手取引ができないため、業者としての旨みは減ります。

ただ、情報を出し続けていると、多くの方の目に触れることにもなりますし、長く登録しておくと市況も変化して急に高い金額で買ってくれる人が現れるケースもあります。そのため、賃貸物件で保有していても十分キャッシュフローが出て回っている物件は、「売れたらラッキー価格」で登録しておくのも手です。

かなり突っ込んだ話も出てきましたが、業者に依頼して物件を売却する際には、最低限「専任媒介」よりも「一般媒介」がお勧めであることを覚えておきましょう。

民泊物件は外国人が好んで買ってくれる

外国人の不動産に対する需要は、今や「宿泊」だけでなく「購入」に関しても強まっています。私自身、2019年に300万円ほどで購入した大阪の物件を、リフォーム・家具・家電の費用で700万円かけ、総額1000万円ほどで仕上げ、**民泊用の物件が3000万円超で外国人の投資家さんに現金で売れた**経験があります。

それをきっかけにキャッシュポジションが上がり決算書も良くなったことで、翌年度から物件を次々に買えるようになりました。特にここ最近は円安もあって、外国人の不動産に対する「購入意識」は非常に高まっています。

日本にいると「東京の不動産は高い！」と思いがちですが、世界の有名都市（ロンドン、パリ、ニューヨークなど）と比較すると圧倒的に安いのです。そこに円安が加わったので、都内の物件でもバーゲンセールのような状況です。コロナ禍では中国人がものすごい勢いで東京や大阪などの不動産を買い漁っており、危惧している人も少なくありません。

インバウンドでいえば、大阪や京都なども非常に強いですし、それ以外でも、外国人の方にも知られている有名な観光地近くの物件は、住居系でも民泊系でも高く売れるポテンシャルを秘めています。

外国人向けに売れる物件の特徴は、第3章で述べたように**「住所（アドレス）」の認知度が高い**ことです。

たとえば、大阪でも「難波」や「心斎橋」という地名が入っていると、「そのエリア、知ってる！」となって買われやすくなります。一方で知名度が低いアドレスの場合は、観光地から近かったとしても外国人の興味を引きにくくなります。

また、日本人が抱くイメージがそのまま外国人にも当てはまるかというと、必ずしもそうとは限りません。

たとえば、大阪の西成区は日本人からすると治安が悪いなどのイメージが昔からありますが、一部の中国人からすると「値段が安い割にアクセスが良い」ということで、西成の物件を積極的に買っている方もいるようです。

ちなみに、私が3000万円で売却した物件は大阪の環状線沿いにある鶴橋というエリアでした。

大阪の鶴橋は焼肉で有名ですが、コリアンタウンもあるので外国人からは馴染みやすいエリアといえます。東京でたとえるなら新大久保に近いイメージですが、大阪市内で利便性が良い割には駅周辺でも過密な住宅地が多く、たまに安い物件も出てきます。

逆に、日本人向けには人気があるものの、外国人からは認知度が低く人気のないエリアもあります。

たとえば、大阪の京橋エリアは飲食店や商店街も多く、地元のサラリーマンやグルメ好きの方が訪れる街です。日本人で賑わっていますが、知名度が低いため、意外と外国人ウケは今のところしていないエリアです。

このように、日本人と外国人の捉え方が違うことは多々ありますので、覚えておくと良いでしょう。

売却の際に知っておきたい大事なこと

売却のときに最も大切なのは、「売り急がない」ことと、「収益が上がっていて手放したくない物件だからこそ、高く売れる」と知っておくことです。

誰もが、手間がかからず高い収益を出すような良い物件を求めています。そのため、**収益をきちんと出している物件は高く売れる**ものです。逆に、自分が「手放したい」と感じる物件は、買い手も同じことを感じるためなかなか売れません。

理想は難がある物件を安く購入して、それをご自身で手直ししたり、宿泊事業を始めて収益を上げられるように仕上げ「持って良し、売って良し」の状態にしたうえで、そこで並行しながら物件を売却にも出しておくという戦略です。

中には、「築古物件を所有していてもお荷物になるだけでは？」と思われている方もいるかもしれませんが、どんなに古くてボロボロでも利回りが高く、入居がついていれば売却は可能です。時期と場所によっては、外国人からの需要もあります。

最近は、不動産売却の際に「不動産査定サイト」を使う方も多いですが、個人的にはあまりお勧めしません。登録すると買取を専門にやっている業者から査定をさせてほしいという問い合わせが一斉にありますが、基本的に買取業社（物件所有者から直接購入し、その物件を再販することで利益を得る会社）が殺到するため、相場よりもかなり安い値段を提示する場合がほとんどです。

また、そこで一番高い価格を出す業者にも注意が必要です。「買取はできませんが、相場がこれぐらいなので『高く』で売却するお手伝いをします」と誘導して専任媒介の契約を結んだうえで、結局なかなか売れず査定時の最低価格で売ることになったというケースもよくあります。

高い価格を提示したからといって、安易に信じてはいけません。

不動産売却に限ったことではありませんが、相手のほうからわざわざ電話営業してくるのは、そうしないと商売にならないからです。

自分の足で売却してくれる業者を探すのは大変ですが、そこの手間をかけることで最終的には高く売却できる可能性が高まります。

また物件購入の時と違って、物件売却は購入するお客さんがいて初めて話がまとまるので、自分で購入するよりも売却のほうが難しいといわれています。

そして、売却時は1円でも高く売りたいのが本音ですが、欲を出して値下げなど一切応じずに高値で出していても、結局売れずに売り時を逃してしまうこともあります。いくらで売却するかは本当に悩ましいです。

ただずっと保有していても、不動産は徐々に古くなっていきますし、世の中の市況もどんどん変化していきます。売却利益の数字だけにこだわらず、そこそこの利益が出るのであれば妥協して、**定期的に資産の入れ替えをしていく**ことをお勧めします。

第7章

一番弟子さん

20代で京都の賃貸民泊を20軒運営した会社員

Profile

1991年生まれ　31歳　埼玉県出身　大阪府在住
会社員　営業職の現役会社員。2015年、京都にて賃貸民泊を開始して、翌年には10軒ほど増やす。2017年、新山氏と出会いMPAへ入会。2018年、大阪にて特区民泊を運営開始。合わせて新山氏の勧めで不動産投資の勉強を始める。コロナ前までに大阪で特区民泊を4件運営。売上1200万円。2021年には戸建て・木造アパート合計10件を購入する。現在、宿泊運営は大阪市にて32室運営委託、木造アパート2棟、10室を保有。

知人に誘われ京都で転貸民泊

一番弟子　きっかけは、セミナーを受ける前年（2015年）の24歳のとき、自分の将来に不安を抱き「何か準備をしておかなければいけない」と思ったからです。

起業塾で知り合った人から「京都で民泊をやってるけど、一軒だけ余ってるからやってみる？」と紹介されたのです。当時の僕は不動産投資も知らない状態。年収は370万円でなけなしのボーナス30万円を使って始めたんです。

すると意外にもうまくいきまして、民泊で得た利益を使って1年半後には、京都で20軒まで増やしました。ちょうど、その拡大期に新山さんとのお付き合いが始まりました。

新山　会社勤めをしながら、よくその軒数まで増やせましたね！

一番弟子　当時の僕はブラック企業のサラリーマンで、月の残業時間がMAXで160時間。そのため、どうしても駆けつけられないことが多かったんです。ただ、幸いにも営業職だったので、スマホと電話は時間を気にせず自由に使えました。

それでスマホと電話だけで対応できる状態にしていったんです。そういう意味では仕組み化が成功しましたね。

新山　2018年の法律が整ったタイミングでは、どのような判断をされましたか？

一番弟子　当時は許認可を取るレベルまで踏み込んでいなかったので、法整備された瞬間は撤退するしか考えられませんでした。

今なら相談できる先輩方もいるので撤退以外に譲渡など複数の選択肢も考えられます。このときは1人でやっていることによる打つ手の無さを痛感しました。

新山　撤退後はどうされたのですか？

一番弟子　2019年に初めて不動産を購入しました。許可を取って民泊のできる物件を探していたら、大阪の西九条に530万円の戸建が見つかりました。

そのときはちょうど事業譲渡をして250万円くらい現金が入っていたので、手持ち資金を加えて買うことができたんです。

新山　事業譲渡したお金を元に不動産を購入したのですね！

一番弟子　そうです。京都の民泊から撤退した後、再起を図るわけではありませんが、「何かやっていかないと！」と考えて物件を探しました。そこからはエリアを京都から大阪に移しました。

新山　たしかその当時は東京に住んでいましたよね？　遠隔なのによく動けましたね。

一番弟子　大阪で特区民泊に適した物件が、どんどん無くなっていく中で必死に探しましたよ。東京との地の利の差もあったし、周りの人がどんどん特区民泊を開業しているので、「早く物件を見つけなければ……」という気持ちが強かったです。

2020年4月二度目の撤退を決意

新山　コロナ禍はいかがでしたか？

一番弟子　コロナが流行りはじめた当初は、「なんとか残せる道があるのではないか?」と模索していたのですが、緊急事態宣言が出た2020年4月には全撤退する決断をしました。僕は判断に時間のかかるタイプですが、このときは速やかに対応できて良かったです。

その後、不動産投資に本格的に力を入れることにしました。

新山　そこからがすごいですよね。2021年だけで10軒も購入しているとか？

一番弟子　複数軒まとめて買っているので、200万円や80万円の戸建も含めてです。

2021年10月に、所有していた文化アパートを売却したところ1000万円ほど入ったんです。一瞬ですが手元のキャッシュが1500万円になったので仕入れ資金にあてました。

新山　一番弟子さんは入居率の低い築古の戸建て・アパートを購入し、リフォームを行って満室にする再生投資をされていますね。

一番弟子　僕の場合、個人でコロナ融資を引いた後、与信が傷ついていました。今でも個人の融資は大変ですが、回復するには時間がかかるため、その手法を取らざるを得なかったんです。

法人もまだ力がないですし、どんなにボロくて空室だらけでも、安く買って高利回り物件に仕上げる手法しかありません。それが自分の得意技になっていきましたね。

新山　今後の展開としては一棟収益物件を目指すのですか？

一番弟子　はい。昨年、6室の木造アパートは融資を使って購入しました。今後はもっと大きな物件を買っていきたいです。重鉄、RC、それこそ木造新築のような、長期融資をちゃんと組める物件を持ちたいですね。

京都の転貸民泊から大阪の所有民泊へ転向

新山　2022年の秋からインバウンド需要が戻ってきていますが、民泊はどのような展開をされていますか？

一番弟子　民泊は京都の転貸を撤退した後、今は大阪で所有型民泊をしています。

コロナがなかったらやりたかったものを、3年越しでやれるかなという感じですね。たまたまなんですが、今回はずっと狙っているエリアでようやく仕入れられました。

新山　一番弟子さんがこれから民泊を始めるとしたら？

一番弟子　まずは賃貸民泊でしょうね。民泊は事業なので、得られるものもたくさんあります。そのうえで、最終的に不動産へ近づいていくほうがラクだと思います。

あとは、その人の向き不向きにもよるでしょう。面倒くさがり屋の人は不動産投資。気を配れる人なら民泊をやったほうが合うのかもしれません。

民泊に関して注意点を挙げるなら、運営で苦労している人も多いと聞くので、ちゃんと勉強をしてから参入すべきです。自分が情報の集まりやすい位置にいるのか、それとも何か突出したエリアでやらない限り、後々にしんどい思いをしますね。

新山　これから民泊をやるのは？

一番弟子　参入するなら今を逃してはもったいないですね。まだ賃貸もそこまで値上がっていないし、仕込みやすい物件がちらほら出てきてもおかしくありません。賃貸民泊なら準備期間2カ月くらいでオープンできるので悪くないと思いますよ。

古民家を再生、抜けない柱を活かしている

イミテーショングリーンを取り入れさわやかな印象を演出

恭平さん

不動産投資の失敗を事業で乗り越えて独立

Profile

兵庫県出身。株式会社リレスト代表取締役、他グループ会社及び個人事業主として不動産賃貸業を営む。大阪の大学卒業後は10年以上医療関係勤務。不動産賃貸業は、現在近畿圏内に20棟270室程度の不動産を所有。宿泊業は、大阪市内に2件運営（コロナ前は10施設程度）。インテリア事業は、主に京阪神で販売物件や賃貸物件の価値を高めるホームステージングをはじめ、宿泊施設やテナントなどのインテリアコーディネート、マンションのデザインなどを手掛ける。
○株式会社リレスト　https://www.lirest.info/

儲からないスルガ物件を購入 リカバリーのためにしたことは？

新山　恭平さんとは2018年からですね。医療関係のお仕事をされながら不動産投資に取り組まれていて、さらに民泊にも着手しているのでアグレッシブな方だと認識しています。それからインテリアコーディネート事業も立ち上げられ、いつの間にか本業をやめられていました。

恭平　2019年にやめています。不動産と事業を拡大していくタイミングで忙しくなり、勤め人であるより事業に注力したほうが良いと判断しました。

新山　医療関係といえば収入も安定していますし、どちらかといえば保守的で、その属性に満足されている方が多いなか、だいぶ異質だと思います。いったい、なぜ不動産投資を？

恭平　元々のきっかけとしては勤務中に不動産業者から新築の区分ワンルームマンション投資の営業電話が来たのですが、さすがに新築では儲からないことに気づきました。

それで築浅の中古区分マンションを扱っている業者から、2015年の2月～4月までの3カ月で4戸を買いました。

新山　そのときに買った区分マンションは今どうしているのですか？

恭平　1戸だけ残して全部売りました。当時は利回りすらもわからず買っていたので間違いなく良くない買い方ですが、結果としてはすべて買値以上で売却しています。

順番が逆になるのですが、区分マンションを買ってから、その年のゴールデンウイークにファイナンシャルアカデミーという不動産投資の学校に3日間通いました。そこで一棟物を買ったほうが良いと考えて、最初の一棟物件を買ったのが2015年6月末です。

スルガ銀行付きの三為（さんため）業者が再販している業者案件のため、高金利で利益が少ない物件です。1棟目を6月に買って、そこから半年で4棟買って、さらにマイホームも買いました。その当時は、「これでしばらくは安泰だ」と思ったんです。計算上はキャッシュフローが少し出るので。

新山　一般的にいうと失敗パターンに近いと思うのですが、そこからどうやって立ち直られたのですか？

恭平　私の場合、勉強をしていくうちに「これ、ちょっとまずいぞ……」と気づきました。購入して半年目くらいです。

その当時のポートフォリオは、スルガ銀行の借入が重く、利回りも低く積算も出ない物件だったので、次に進めない状況でした。そこで自宅を売却して資金をつくり、そのお金で築古一戸建てを購入して自分で住みました。そうやって住宅ローンも減らすことができました。

次の段階では、東京に所有していた大きな物件を売却しました。この物件は2016年1月に約3億9000万円で買って、4億1000万円くらいで売っています。2年ほど保有していまして、キャッシュ自体はトントンですが結果的にはよかったですね。

その後、スルガショックが2018年3月にあったので、本当にギリギリのタイミングで売れました。それでだいぶ残債も軽くなったので、法人を立ち上げてインテリアコーディネート事業を起こし、新たな売上をつくり出すことに成功しました。

新山　しっかりとリカバリーされていますね。コロナ禍の動きとしては、私よりも恭平さんのほうが物件を買われる速度が早かったです。私が初めて1棟を買うときは本当に時間がかかりまして、コロナ禍にようやく買うことができました。恭平さんはコロナ前ですよね？

恭平　継続して買えだしたのは2019年の勤め人を辞めたくらいからですね。

インテリアコーディネート事業をやっていた実績もあり、借りやすく進めやすかったのは事実です。ただ、最初に売った4億円の大きな物件がある時点では、どこも相手にしてくれませんでした。

ホームステージングで入居が決まる！

新山　素晴らしいです。インテリアコーディネート事業について教えていただけますか？

恭平　僕の法人の中で、インテリア事業部を立ち上げている状態で、妻が事業部長として主に携わっています。ワンルームをホームステージングするところから始めたところ、すぐに入居が決まりました。周りの反響もよかったのでホームステージングを主としたインテリアコーディネート事業として徐々に拡大していきました。民泊新法が発令されたころで新規参入が多く、その引き合いで売上が上がっていきました。

新山　民泊もされていましたが、どうされていますか？

恭平　2015年からやっていまして、10施設ほど増やしています。運営は代行会社に任せていました。コロナ禍で長く耐え忍ぶのは難しいと判断して、1施設だけ残して早期に撤退しました。単に撤退した物件や事業売却した物件、一般賃貸に切り替えて売却した物件などさまざまです。

インテリアコーディネート事業も、コロナ禍で民泊の依頼が激減し、代わりに賃貸物件の依頼が増えていきました。幸い、リピートもいただいていたので続けられました。

新山　今後、民泊はどうされますか？

恭平　チャンスがあればやろうと思います。インテリアデザインにこだわった新築アパートをつくっているのですが、今後は都心で民泊対応ができるマンションをつくりたいです。

新山　私もインテリアに力を入れたほうが良いと考えていますが、それを事業にされている恭平さんからアドバイスをお願いします。

恭平　私も同感です。ただ、お金をかければ良いのかといえば、そうではありません。事業なので投資した金額に応じた売上を見込むべきです。

もちろん資金が潤沢にあり、惜しみなく使って高級民泊路線もありだと思うのですが、その辺のバランスは個々に考えたほうが良いと思います。

新山　ありがとうございます。最後に読者へのメッセージをお願いします。

恭平　サラリーマン大家さんの中には闇雲にレバレッジをかけて規模拡大をしている人もいますが、私は学ぶ前に始めてしまい、初期はスルガ物件を買って失敗しました。やはり学びは重要だと感じています。

また、今はサラリーマンがレバレッジをかけるやり方が厳しい時代に突入しているので、法人や関連事業をつくって属性を高めていくほうが賢明です。

正しい方法を知るために、初心者は大家の会などできちんと成果を出している、自分と趣向の合うメンターを探すことをお勧めします。

リレスト施工の『もでるるーむ®』事例。デザインセンスが好評を得ている

リレストプロデュースの旧耐震築古マンション改装事例

バランス大家(春木)さん

小資本からできる！ コインパーキング投資

Profile

1979年生まれ、神奈川県横浜市出身。親の会社に新卒で入社し、賃貸営業、住宅売買仲介業務で経験を積み30歳で独立。その後はさまざまな事業に手を出すも3年で撤退。2018年、結論として「人ではなく、物で稼ごう」と賃貸業へとシフト。現在ではオーバーローン、利回り20%以上の戸建て30戸保有をメインに、築古・新築アパート、中古RCマンション、コインパーキング、トランクルーム、テナント等、合計49棟140室、賃貸売上1億1000万円。神奈川県の横浜と横須賀のみをメインとしドミナントで運営中。LINEオープンチャットにて『関東大家の交流会』(2023年1月現在・会員1249名)を主宰。

月単位ではなく時間単位で貸すという発想

新山　もともと春木さんは不動産業界で働いていたのですよね。どういう経緯で独立されて、不動産投資を始めたのですか？

春木　父が経営する不動産会社で、僕は賃貸管理の部署をやっていたのですが、自分では賃貸業をしていませんでした。勉強をして本格的にはじめたのは2018年からです。ボロ戸建ての再生やコインパーキングやトランクルームも運営しています。

新山　コインパーキングを運営されている方は珍しいです。詳しく教えてください。

春木　駐車場は月極だと2万5000円です。時間単位で貸すことにより、1台当たり9万円の売上になります。たとえば住居など1カ月単位で貸せませんよね。

民泊は1日単位で貸せます。それがコインパーキングやレンタルスペースなら時間制です。それをもっとも小資本でできたのが、コインパーキングだったんです。

新山　民泊も本来なら、月単位で貸す部屋を日割りにして貸しています。時間で貸すレンタルスペースと似ているところがありますが、民泊をしようとは思わなかったのですか？

春木　僕は仲介会社で人を使うビジネスをやっていましたが性格的に向いていません。民泊だとまた人が介在します。それで不動産賃貸業は人ではなくて、モノを相手にしたビジネスにシフトしました。

レンタルスペースやトランクルームなら最初の契約さえ交わせば、そのまま勝手にやってくれますし、コインパーキングも人が介在しないので。

新山　仕組みができたら放っておいてもお金を生むビジネスですね。そういう言い方をすると、たしかに民泊は人が介在しているサービス業で、放っておいてもお金を生みません。

春木　ただ、僕は民泊の運営代行会社の存在を知らなかったので、すべてお任せできるのであれば、ビジネスとして1回はやってみたいと思っています。

新山　なるほど。コインパーキングは小資本とのことですが、具体的にはどれくらいの初期費用で始めたのですか？

春木　土地さえ持っていれば、機械はリースで借りられるのでキャッシュは使わずに済みました。

当時は自動販売機を設置すると、協力金で15万円がもらえました。2台で30万円もらって、その30万円でコンクリートの舗装だけして、あとはリースです。

新山　では本当に初期投資がかかっていないのですね。コインパーキングはいつから始めたのですか？

春木　7年前の2015年です。1DKの1棟アパートを買ったとき、月極で4台停められるところが1台しか停まっていませんでした。車を使う人がいないなら、そこをコインパーキングにしようと考えたんです。

土地はフルローンで、アパートで買っていました。その月極部分を今度は細切れに貸すことにしたら、普通に月極の駐車場にすると1台につき8000円、4台で3万2000円のところ、コインパーキングにすることで1台約10万円の売上があります。

土地を持たなくてもコストをかけずに始められる

新山 すごいですね！　この本の読者さんの中には、過去の私のようにお金がなくて不動産投資を始められない人も多いと思います。そういう人にもコインパーキングは向いていますか？　やはり土地を買わなければいけませんか？

春木 探せば転貸でもできます。ちなみに僕はもう1カ所を契約して、今は2カ所を転貸でやっています。

新山 それなら再現性がありそうです。初心者はどのように学んだらいいですか？

そういえば昔、スッチー大家さんという人が『コインパーキングで年1200万円儲ける方法』（ダイヤモンド社）という本を出しています。

春木 僕はそれで勉強をしましたよ。

新山 ノウハウをお聞きしたいのですが、どういう土地が向いていますか？

春木 やはり決め手は立地になりますね。台数や入りやすさより、どこにあるのかが大事です。僕の一番の稼ぎ頭でも入口は入りづらいですが、繁華街の信号の交差点にあるので優位です。

なお駐車場の広さはそこまでいりません。僕が持っているのはすべて4台口で、一番小さいのは80平米ほど。地形にもよりますが80平米でも4台が入ります。

新山 利回りでいうと何％ですか？

春木 もともと持っていたアパートの余った土地を転用しているものもあるので、もうお化けみたいな数字です。

たとえば、転貸なら3台口の土地を月3万3000円で借りて、8～9万円くらいの売上です。コインパーキングの機材をリースにするか購入するかにより、プラス1～2万円に変わります。

機材を買うのに200～250万円かかります。これが機材を現金で買っていれば、1カ所で月3万5000円から4万円くらい儲かります。現金で投資した場合は投資回収利回りでいうと年間で50万円、20％くらい取れます。

転貸で手残りを考えたら、回収が5年くらいのイメージです。リースにすると利回りは減るけれど、手出しは本当に少ないです。いくらで土地が借りられるかにもよりますが。

ただし、ひとつ難点なのは効率の悪いところ。保守やお金の回収は自分でやっています。それを他人に頼めば、お金がかかってしまいますから。

新山　保守というのは、機械が壊れたときの対応やメンテナンスを頼むことですか？

春木　はい。それと「釣り銭が出ない！」というトラブルに対する顧客対応などです。

新山　そこの対応が自分でできるのかが問われますね。最後にゼロベースで始める人にメッセージをお願いします。

春木　みなさん不動産についての勉強が好きですよね。勉強する人はたくさんいても、実際に行動する人は100人中、10人程度しかいません。それを継続できる人は3人くらいでしょう。

行動して継続できれば必ず結果となって返ってきます。だからこそ、読者のみなさんには、ぜひ行動してもらいたいと思っています。

アパートの使われていない駐車場を有効活用

そこまで広さはなくても場所が良ければ収益は得られる

志村 尚太さん

コロナ禍で大ブーム
キャンプ場で規模拡大

Profile

1985年、山梨県都留市生まれ。キャンプ場投資コンサルタント。株式会社YSM VILLAGERS代表取締役。東京服部調理師専門学校で調理師免許取得後、銀座の日本料理屋「小十」に入社。24歳で退職しワーキングホリデーでオーストラリアへ。28歳の時実家で民泊を開始。29歳で移動販売業「富士山餃子」を開始。32歳で不動産業とまほろばキャンプ場を同時開業。住宅宿泊業を取得。ホテルを自社運営、運営管理で30軒まで増やす。35歳でキャンプ場内に「まほろばBBQ場」をオープンさせた。著書に『100万円からできるキャンプ場投資』（プラチナ出版）がある。
○RetreatCamp まほろば　https://retreatcamp-mahoroba.net/

料理人から民泊ホストを経てキャンプ場経営へ

新山　志村さんは、今でこそキャンプ場を手広く経営されていますが、最初は民泊からスタートですよね？

志村　はい。9年前に自宅の一室をAirbnbで貸し出したのがきっかけです。その当時、私は海外で働いていまして長期休暇で日本に帰国した際、試しに部屋を貸してみたんです。

　自宅の貸し出しで利益が出たので、帰国して民泊経営に本腰を入れることにしました。地元の河口湖で民泊をもっと増やそうとしたのですが、不動産会社にあたっても物件を紹介してくれません。

　それで自分の足で探したところ、不動産会社より物件情報を多く持つことになりました。「どこかに物件はないか?」と知り合いづてに問い合わせがあれば無償で紹介していたのですが、それなら不動産業を立ち上げたほうが良いだろうと、5年前に宅建士を雇って不動産会社を始めました。民泊のほうも自分でしながら、代行会社もするようになりました。

新山　コロナの影響はいかがでしたか？

志村　大きかったです。30軒まで増やしていましたが、コロナ禍で4軒まで縮小しました。

新山　それは大打撃ですね。ちなみにキャンプ場はいつから始めたのですか？

志村　不動産会社の立ち上げと同時期です。老朽化したキャンプ場を継いでほしいと声をかけられて、元オーナーから居ぬきで借りて経営しています。古いキャンプ場を整備したのですが、民泊の需要が減るのとは逆で、コロナ禍では売上が飛躍的に伸びていきました。

新山　私はコロナ禍に民泊を縮小して不動産投資に注力しましたが、志村さんの場合は同時期に民泊を縮小してキャンプ場に注力して拡大されたのですね！

志村　はい。借金のマインドブロックが取れたのは、コロナ融資がきっかけですね。コロナ前は借金がほとんどなくて、すべて自己資金でやっていました。それがコロナになった瞬間に、積極的に借り入れました。

コロナ禍でキャンプ場は皆、閉めているところが多かったのですが、うちは閉めないでどんどん設備投資をしていたので、そこが起爆剤になったのでしょう。融資はもちろんですが、キャンプで稼いだ資金も再投資したのでスピードが早かったのではないかと思います。

新山　不動産投資というよりは、事業拡大のステージなんでしょうね？

志村　そうですね。不動産投資も増やしていけたら良いと思っているのですが、事業家なので事業のほうが面白いです。この1年の間に、キャンプ場もかなり広くなっています。バーベキュー場の開設やドームテントも増やしています。

新山　不動産投資ではどのような物件を購入されているのですか？

志村　築22年の軽量鉄骨アパートです。オーナーチェンジで満室の物件を、4年前に1500万円で買いました。利回り22％です。

自主管理なので多少の手間はかかりますが、民泊のように改築などもなく、そのまま賃貸して家賃収入が翌月から入ってくるのですごくラクです。

新山　好条件の物件ですね！　それにしても

一般のパターンと逆です。普通は不動産投資から始めて不動産の宅建業を取りますから。今後、アパートを増やしていく予定はありますか？

志村　河口湖の駅裏に500坪くらいの良い土地があります。そこを購入して重量鉄骨の1棟アパート、その敷地にドームテントを4〜5棟建てる計画をしています。

新山　大規模な計画ですね。そのアパートを民泊可能物件として貸すということですか？

志村　そうです。最初、民泊可能で賃貸募集して、借りる人がいれば貸すし、借り手がいなければ自社で運営する仕組みにしたいと思っています。

今からならキャンプと民泊どちらがお勧めなのか？

新山　志村さんはキャンプも民泊もされていますが、どちらがお勧めですか？

志村　どちらもです。キャンプ場と民泊を組み合わせた「キャン泊」をお勧めしています。まず敷地が100坪くらいある地方の戸建てを買います。

インフラが通っていない土地を買うと、何百万円もかかるのですが、建物付きだとインフラ費用が抑えられるし、敷地が100坪あれば、戸建てを民泊、庭にコットンテントやドームテントなどを常設できます。

ドームテントなどのグランピングはとても人気があり、設置費用も新築でコテージなどをつくるよりは安くて済みます。それでいて、単価は民泊より高いですから。

新山　素晴らしい。志村さんは最初からグランピングのブームを見ていると思うのですが、この1年間でたくさん増えていますから、飽和しないのか。その辺はどう思われますか？

志村　飽和しないと思います。グランピングというと日本人のブームのようですが、今、外国人が「Ｂｏｏｋｉｎｇ．ｃｏｍ」や、「Ａｉｒｂｎｂ」経由で予約をしてきています。

　平日のドームテントは外国人で埋まり、土日祝日は日本人で埋まるという、いいバランスで稼働率が上がっています。

新山　なるほど。以前の民泊でインバウンドが盛り上がったときの流れが、グランピングでも起こっているのですね。ちなみに日本人が好むグランピングと、外国人が好むグランピングに差はありますか？

志村　差はないと思います。先日もアメリカ人の旅行者が気に入って3連泊してくれたそうです。

新山　最後に読者に向けてメッセージをお願いします。

志村　僕は事業家なので、どうやって売上を上げていくのかが面白いです。不動産投資は家賃収入の天井が決まっていますが、それをいかに超えるかを常に考えています。

　たとえば1棟で１００万円の家賃収入の物件を２００万円、３００万円、４００万円で民泊やキャン泊にして天井を破るのが面白いですね。

　だから初心者でも、不動産投資だけにこだわらず、民泊やキャン泊も選択肢としてありかなと思っています。地方のリゾート地で安く戸建を見つけられたら、大きく化ける可能性があります。

絶景の富士山が望めるドームテント

常設されているコットンテントも大人気

岸本 和也さん

快適な高級民泊で勝負
差別化がこの先の鍵となる

Profile

1983年生、兵庫県出身、グローバルコムズジャパン代表取締役。関西を中心に運営委託と所有物件を合わせて60棟400室の宿泊施設を「ビジュースイーツ」というブランドで運営。北海道ルスツ村に高級ヴィラ、L&R Rusutsuを開発中。社内にプロジェクト管理部、オペレーション部、WebDTP部を設け、インテリアデザインから撮影、ウェブサイト構築、ゲスト対応まで全業務を一気通貫で、社内で行っている。渡航経験は60カ国。バックパッカースタイルの予算重視宿からハイエンドホテルを世界中で200施設以上泊まり歩き、その経験を宿泊業に生かしている。趣味は永遠に終わらないダイエット。　○Bijou Suites　https://bijousuites.jp/

世界旅行中にAirbnbを知り帰国後すぐ民泊をオープン

新山　岸本さんは、民泊を始めた経緯がユニークです。奥様と一緒に世界旅行に出かけて、その最中に「Ａｉｒｂｎｂ」を知って、「ぜひ日本でやってみよう」と旅行を中止して帰国したとお聞きしました。そういえば、初期のころはセミナーもされていましたよね？

岸本　転貸物件で民泊を始めたのは２０１４年です。やり方を教えて欲しいという声が多くて、一人ずつ教えていくのも手間なのでセミナーを行ったのです。

代行業は最初やる気がなかったのですが、セミナー受講者さんから依頼されることが多くて、そのうちそれが本業になりました。

新山　私は私で、２０１６年からメルマガやセミナーを始めました。そのころからお互いを知ってはいたのですが、直接に関わることはありませんでした。お互いをうさん臭いと思ってましたよね（笑）。

それが２０１９年に一緒にセミナーをさせていただき、今は私の民泊はほとんど岸本さんに運営代行をお任せしています。

岸本　お互いにだいぶ変わりましたね。僕が民泊を立ち上げた当時は、刑務所のようなふとんだけ置いて寝るだけ専用の部屋が多かったのです。

安かろう悪かろうで、半年で回収してやめていく風潮があるなか、クオリティの高い、ずっと勝ち続けるものをつくろうと決めていました。

そのようなことをセミナーでお話ししたとき、「それなら岸本さんのところでデザインしてつくってよ！」「ついでに運営もやってよ！」とたくさんの依頼をいただいて、運営代行会社を始めたという経緯があります。

当時は皆さん、賃貸で民泊をされていたのですが、所有してやってもらったほうが絶対に資産が安定するので、９割くらいはオーナーが所有されています。

新山　岸本さんのブランドである「ビジュースイーツ（ＢｉｊｏｕＳｕｉｔｅｓ）」を立ち上げたのはいつですか？

岸本　２０１７年です。ブランドを築いて、お客様に安心感をもっていただくために商標登録をとりました。当時はそのようなブランド名のある民泊がありませんでした。

すべての物件に付けているわけではありませんが、基準をクリアした物件にだけブランド名を使っています。

新山　そういう試みは非常に珍しいですね。私は岸本さんにお任せするまで顧客対応を自分でしたり、人を雇ったりしていました。清掃も外注しながら分離発注をやっていたのですが、なかなか満足のいくクオリティではありません。岸本さんのところはとてもレベルの高い運営代行をしてくださる数少ない会社さんです。

岸本　ありがとうございます。

新山　もちろんコロナの影響を受けたと思うのですが、今はまた伸びているようですね？

岸本　売上はコロナ前よりも高いです。特に昨年12月に関しては非常に高いです。かつて大阪は全体の35～40％を中国の観光客が占めていたのですが、それがゼロにもかかわらず盛況でした。

新山　人数的にはまだ戻りきっていないけれど、供給数が減っているぶん回転率が高くなり単価も上がっていたのですね？

岸本　はい。あとホテルに泊まる人と民泊に泊まる人は、ターゲットが違うと思っています。

僕もホテルに泊まるときは「Ｂｏｏｋｉｎｇ．ｃｏｍ」ですし、海外に長期滞在でゆっくりしたいときは「Ａｉｒｂｎｂ」から探します。ですから、ホテルに客が戻ったとしても、民泊にはさほど影響はないのではないかと。

日本全国通じて「Ａｉｒｂｎｂ」の強いところは大多数で泊まれる物件です。これを今から新築するとコストが合わないので、既存の建物をコンバージョンするしかありません。しかし、そんな建物はなかなかないため供給数が増えにくいと思います。

今後、中国の国境が開くと需要が間違いなく増えるので、ある程度の単価が取れるちゃんとした施設は、今後まだまだ伸びていくのではないかなという楽観的な見方もあります。

欧米客でにぎわう北海道のスキーリゾートに挑戦

新山　北海道のスキーリゾートでも宿泊業をされていますが、進捗をお聞きしたいです。

岸本　ルスツとニセコを、地元の北海道の方は羊蹄山麓（ようていさんろく）と呼んでいます。これまで僕は海外を60カ国以上周ってきたのですが、自分の目を疑ったのは2回しかありませんでした。

中国の深圳（しんせん）市とニセコです。2018年にニセコでスキーを滑っている8割が欧米人だったんです。スキー場のレストランに行くと、「あれ、国を間違えたかな?」と自分の目を疑うほど欧米人だらけ。

僕は2008年に初めてニセコにスキーを滑りに行ったのですが、閑散としていてボロボロだったんです。それが、10年ぶりに行ってみたら、まるで別の町のように開発が進んでいました。

僕は渋滞するのが嫌だったので、同じエリアのルスツに行きました。すると、ルスツもニセコと同じくらいの賑わいぶりで驚きました。近隣のかなり築年数の経ったホテルでも1泊2人で4万5000円です。

そこで、遊びついでに2棟分の物件と土地を買っておいたんです。転売するも良し、いつか時間があったらホテルでもつくろうかという状態から2年が経ったときにコロナがきました。

「よし、つくるなら今しかない！」と、すぐルスツに従業員たちと飛んでホテルをつくりました。これがルスツを始めたきっかけです。

もちろん、コロナ禍はしんどかったですが、この冬は大入りです。北海道は国際線の直行便が少ないので、まだ大阪のように戻っていませんが、週末に関しては日本人のお客様で満室をいただいている状態です。

新山　私も岸本さんがつないでくださったご縁で、ルスツでプロジェクトを進めており今後が楽しみです。最後に読者へメッセージをお願いします。

岸本　宿泊業は立ち上げるまでに手間もかかるもの。「儲かるから！」というマネーモチベーションだけでオープンまで漕ぎつけるのはキツイですよ。

どこかでエンジンが切れて仕上がりがイマイチになるし、業者探しで苦労して心が折れてしまいます。

エリアによって戦い方が違えば、かけていくコストや収支計算も違います。ですから、最初は自分が好きになれるエリアを見つけてください。

そして、そのエリアで成功している先輩を見つけることが最善策かと思います。その成功者の背中を追うのが一番の近道です。

窓からの景観とユニークな照明が民泊の個性となっている

吹き抜けに螺旋階段と他にはない立体的なつくり

近江 幸生さん

アジアの富裕層のニーズを見据えた民泊を展開！

Profile

1966年生、千葉県出身。Air Global agency co.,ltd. (Thailand.). CEO. Air Global Agency Japan 代表取締役。タイ国インバウンド・アウトバウンド旅行業取得、タイ国ホテルアソシエーションメンバー。日本法人にて住宅宿泊管理業、旅行手配業を経営。飲食店経営から、2013年バケーションレンタルデビュー。「世界を旅するように仕事がしたい」という夢を実現するためにたどり着いたのが、バケーションレンタル運用代行。ホテル経験1年でMarriottが認めるホスピタリティー企業へ。経験0年で第一種旅行業を取得。不動産業経験0年で管理会社をどんどん乗り換えさせた実績がある。Air Global agency.Japan.　https://www.Kagi-net.com

ホテル住まいをしながら世界で宿泊事業を手掛ける

新山　近江さんは、どんな生活スタイルをされていますか？

近江　私は今、家がありません。今日は札幌の民泊にいますが、その前はパタヤのコンドミニアムでした。家族は嫁がいますが看護師をしており、コロナで病院が大変だということで仕事に専念しています。

新山　もともとはご夫婦でホテル暮らしをされながら事業をされていましたよね。どこにいながらでも民泊は動かせるのですか？

近江　どこにいてもできます。手掛けているのは日本全土（北海道・東京・京都・大阪・沖縄・石垣島）とタイ（チェンマイ・バンコク・パタヤ・プーケット）、カンボジア（プノンペン・シェムリアップ）。ミャンマーは政局で一時撤退中、2023年はドバイに進出します。

新山　グローバルですね！　近江さんが今の仕事をされるまでの経緯をお聞きしたいです。

近江　昔から世界を旅するような仕事がしたいと夢を描いていました。ただ、海外旅行に行くことはできても、それを仕事にするにはどうしたら良いのだろうというのが悩みだったんです。

　ところが、飲食店をしつつ一人暮らしを始めたのがきっかけで、「カウチサーフィン（Ｃｏｕｃｈ Ｓｕｒｆｉｎｇ）」というのを始めて人生が変わりました。

「Ａｉｒｂｎｂ」の前からあった無料でホームステイできるサービスですが、いろいろな国の人が泊まりに来て、朝食をつくり合ったりコミュニケーションを図ったりしながら楽しんでいたんです。

するとと泊まったパリの男の子から「この部屋はなぜ貸しに出さないの？」と聞かれました。彼は「僕はパリにある家を貸して、そのお金で世界を旅している」と言います。そこで教わったのが「Ａｉｒｂｎｂ」でした。

２０１３年でしたが、僕がＡｉｒｂｎｂのサイトを見たときは、まだ札幌で12店舗しかなかったんですよ。それでＡｉｒｂｎｂに部屋を１泊２万５０００円で出したら、いきなり１カ月先まで予約が入ったんです。

新山　すごいですね！

近江　僕はどうしたかというと、自分の私物をまとめて近くのホテルに引っ越しました。75万円が本当に入金されて、それを元手に駅近のマンションを借りました。

借りるときも、当時は「民泊」という言葉すらなかったので、不動産屋には「外国人が研修に来たときに宿泊する場所として使わせて欲しいです」と説明しました。すると、「企業内研修の寮みたいな感じですね？」と理解を得られました。

駅近物件やワンルーム物件、ファミリー向け物件といろいろやって、僕は空いている部屋に泊まり歩きました。そのうち泊まれる部屋がなくなったので、ホテルに移動しながら飲食店を経営する生活を送っていたんです。

まだそのころは、季節で料金を変えることも知りませんでした。だって飲食店は、豚の生姜焼きを１月に提供しても、２月も３月も値段が変わらないではないですか。

新山　確かにそうですね。

近江　するとホテルが高いときはびっしり予約が入ります。でもホテルが安いときは入りません。ただ、その中で一戸建だけはコンスタントに予約が入るんです。そこで一戸建は需要が高いことに気づきました。

しかし、一戸建のレビューが悪い。なぜなら4LDKの物件に10人を泊まらせているにもかかわらず、トイレとお風呂が1つしかないから。そこで、大家さんに水回りの増設をしたいと交渉したのですが断られました。それでも家族連れに特化している点では当たりがあるとわかりました。

宿泊事業を学ぶためタイの一流ホテルに就職

近江　こうして民泊をしているうちに、これは1回海外のホテル業界に就職して、勉強してから事業を広げても遅くはないだろうと考えました。というのも、日本で民泊はまだ合法化されていなかったからです。

ちょうどタイにホテルをつくる日系企業があり、料理人を探していました。それまであまり人に使われたこともなかったのですが、僕は48歳で履歴書を書いて応募したんです。書類審査が通り、面接で「給料はいらないので雇ってください」とお願いしました。

新山　なかなか言えることではありません！

近江　常識で考えても48歳のおやじが「がんばりますから！」と約束したところで雇わないでしょ？「面白い人ですね」と言われたのですが、採用の連絡がこないので、僕は一方的にタイに押しかけたんです。

いつでも出勤できる体制をアピールしてコミュニケーションをとり、なんとか雑用から料理長というホテル運営ポジションで入ることができました。

そこには日系ホテルのエリートスタッフが集結していました。1年間、ホテルマンと膝を突き合わせ、ホテルの運営についていろいろ話し合いました。

その結果、僕が理想とするものができれば、ホテルに圧勝できると思いました。彼らは合理的な発想能力がなく、しかもプライドが高くて融通が利かないんです。

新山　すごい行動力です。

ライバルが少なく需要のあるラグジュアリー物件

新山　近江さんは、日本の民泊の運営代行もタイでされているのがかなりユニークです。

近江　そのきっかけは、僕が日本で民泊をやっているとき、言葉の問題に困っていたから。日本で英語や中国語ができる人を見つけるのも困難だし、その人たちを24時間体制で雇用するのも難しいです。

反してタイはインバウンド立国なので、多様性ある教育が充実しています。タイ語のネイティブで、英語のＴＯＥＩＣは７００、中国語の読み書きもできる若者は掃いて捨てるほどいます。

いずれにせよネットのやり取りであれば、管理会社はタイにあっても日本の運用はできると判断してタイに法人をつくったんです。

あとは、ゲストにヒアリングして需要があるのかに対して、物件をゼロベースでつくるというシステムで今日に至っています。

新山　なるほど、タイで運営するという発想がすごいです。ところで近江さんは海外の富裕層向けのラグジュアリー物件に特化していらっしゃいますが、高級物件のポイントをいくつかお話ししていただけませんか？

近江　まず、日本の家族旅行は2世代。３世代で旅行するのは一般的ではありません。お母さんを連れて行きたいと、日本の嫁に言うと「それだけはやめてください」と懇願されます。このように嫁姑問題、減点評価の教育制度の歪みがあります。

せいぜい僕と嫁さんに子ども。僕と嫁だけならなんとか行けるけれど、子どもも連れていくとなれば、毎年のように海外に行ける人はそれほど多くいないでしょう。

それが、3世代旅行が当たり前の人たちがASEAN（アセアン）にはいます。3世代で旅行する家族の人数といえば8～12名。みなさん自営業者の社長なんですよ。彼らの旅行の予算は250～400万円です。

新山 そういうマーケットがあるのですね！

近江 彼らは何かするときは家族全員でします。10人でホテルをとって複数部屋に分かれたとき、宿泊する階が違えば不便です。

北海道に来て、「夕張メロンを買ってきたからみんなで食べようよ」「どこで食べるの？」という話ですよ。「どこで切るの？ ホテルで包丁を貸してくれるの？」「フォークとナイフで切ることはできるけれど、取皿は？」「部屋のどこで食べるの？」となれば、日本のホテルは対応できません。

新山 確かにそうですね。それがタイのホテルなら対応できるのが標準的なんですか？

近江 タイのホテルでも3～4ベッドのホテルはそうそうありません。それで僕は家族旅行向けに、まずタイでタウンハウスを借りて改装してつくってみました。2016年のことです。

どういうところにお金を投資していたら彼らの目に留まるのか徹底的にリサーチして、効率よくコストをかけました。お金をかければかけるほど利回りが悪くなるから、ミニマムのコストで費用対効果が高い物件をつくるのがうちのスタンスです。

新山 見学させていただきましたが、高級物件で注目されるのはキレイな映えている部屋や、広々とした部屋をイメージする人も多いと思うのですが、近江さんのところで一番注目に値するのは水回りです。

マスターベッドルームに独立した水回りをつけて、洗面台は2つ並べられています。同じようなコンセプトの物件を北海道でもつくられたのですよね？

近江 同じ年です。北海道も成功しています。

新山 とても勉強になります。ひと言で差別化といっても、それぞれマーケットが異なりますし、明らかに別種のマーケットに向けた商品をつくっているのがよくわかりました。

アフターコロナで旅行客はどう変わったのか

新山 コロナ禍が明けようとしている今、近江さんは日本だけではなく、タイや外国を視野に入れられていますがどんな印象ですか？

近江 タイはコロナ前と同じくらいに戻っています。コロナで何が大きく変わったのかといえば、駐在員の数が減ったこと。オンラインミーティングができるからです。それがマイナス面ですが、プラスでいえば会社に出社しなくても良い人たちが増えました。

ヨーロッパやアメリカに多いのですが、ネットさえつながっていればどこで仕事をしても良いような人たちです。特に今はヨーロッパのほうはガス・電気代の高騰や、情勢が不透明な部分もあるので、みんなタイに来るんです。うちの物件は満室状態ですね。

新山 なるほど。本日は、知らない世界の貴重なお話をありがとうございました！

ホワイトを基調としたラグジュアリーな空間

ジャグジーバスでリラクゼーションタイムが過ごせる

終章

リサーチとモデリング

第2章で、「民泊の場合、エリアリサーチで需給を調べることが重要」という話をしましたが、ここではその応用として「リサーチとモデリング」について解説します。

ビジネスには流行り廃りがあり、今は民泊などの宿泊業に大きなチャンスがあるものの、5年、10年、20年という期間でみれば、勢いのあるビジネスは移り変わりしていくものです。

ですから、常に脳をアップデートするためにも、**今はどんなビジネスが流行っていて、うまくいっている人が何をしているのか**を調べる姿勢が重要です。

これはビジネスだけでなく「生き方」も同様です。

かつては定年まで1社に勤めあげるものでしたが、今は転職が当たり前の時代になりました。同じ会社員であっても朝から晩まで働いて給料が安い会社もあれば、テレワークで自由な時間が多いのに年収の高い会社も珍しくありません。

選ぶ仕事や会社によって、まったく違う人生になる時代ですから、より良い生き方にあこがれるなら、どんな仕事をしている人たちが理想的な生き方をしているのかを徹底的にリサーチしましょう。

さらにどんな経緯でその仕事をしており、それは自分にも再現可能なのかを検証する必要があります。

そのため、最初は「**夢の具現化プロセス**」を意識するのがお勧めです。

まず、自分が「こうなりたい」と思う理想を書き出します。そして、できれば自分と年が近いのに、その理想の生活や生き方を実現している人を何人か探しましょう。自分の身近にいなければ、ネットを活用してブログやＳＮＳで探してみても良いでしょう。

そして、その人たちが何の仕事をしている（収入源にしている）のか、どういう経緯でその仕事を始めたのか、今から自分がスタートしても実現できそうか（再現性があるかどうか）を徹底的にリサーチしてみてください。

その人しかできないことなのか？
時代が変わって今は難しいのか？
あるいは最近でも似たような方法で実現している人がいるのか？

今ならブログやＳＮＳ、本を出版している方も多いので、そこを念入りに調べても良いですし、セミナーや食事会を企画しているなら、そこに参加して直接話を聞いてみるのが一番肌感で知ることができるでしょう。

ネットや本での印象と、実際に会って話をした印象が全然ちがうこともありますし、本音と建前で公のメディアでは良いことしか書いておらず、実情は違うケースもよくあります。

そういったことを徹底的に調べ上げて、「**自分とスタートラインが似ているし、最近でも似た方法で成功している**」という人がいたら、徹底的にその人をモデリング（真似）しながら実践してみましょう。すでにうまくいっている先人がいるので、同じように実践すれば似たような成果が出る可能性が高いです。

ビジネスも生き方も、徹底的にリサーチして、モデリングすることが一番大事です。それができれば、あとは実践・検証・改善あるのみ。それが成功の近道です。

成功するためには捨てる覚悟も必要

新しいことを始めるにあたり、「お金や時間が足りない」と言い訳する人は多くいます。

しかし厳しい言い方になりますが、私は「覚悟が足りないのでは」と感じます。**新しく何かを得たいのなら、今持っている何かを捨てる勇気**が必要だからです。

私自身、北海道から大阪へ転勤になったとき、地元の家族、友人との交流を捨てざるを得ませんでした。

会社員時代の給料やボーナスはすべて副業にあてたので、テレビやゲームなどの娯楽・趣味の時間はかなり減りました。

また、余暇も副業を実践するためにあてたので、会社員時代は同僚との飲み会もほぼ断っていました。くわえて、車や株式もすべて売って不動産投資の軍資金にしました。

こうした**「今ある何かを捨てる」ことで、「新しい何かを得られる」**余地が生まれます。

今あるものを捨てずに何かを「頑張ったり」「我慢したり」することで、なんとかしようとする方も多いですが、一時的にやれたとしても継続するのが難しいです。

何か新しいことを得たいならば、まず「今ある何を辞めて専念できるようになるのか?」。特に「お金」「仕事」「人間関係」は、インパクトが大きいので真剣に考えましょう。

大きなものを捨てられる方こそ、大きなものを得られる可能性が高まります。

早さはすべてを凌駕する

どんな物事でも、1秒でも早く始めるようにしましょう。

自分でビジネスを始めるなら、40代より30代、30代より20代と、より早く始めたほうが絶対有利です。日々のLINEやメールの返事も即行うくらいのスピード感が必要です。

不動産も民泊も他の事業も、迷っている時間は無駄でしかなく、やる・やらないは保留せずにできるだけ早く決めて即実行すべきです。

ポイントは、早く・小さく取り組むこと。

いきなり大勝負は失敗する可能性も高いので、先に実践している先輩に聞いてアドバイスをもらえたら、失敗する可能性は低くなります。

少しでも早く実践してうまくいけば御の字ですし、失敗してもその改善にいち早く取り組むこともできます。トライ&エラーを早い時期に繰り返すことで、**実践できな**

い人よりもはるかに早く結果を出すことができます。

どんなこともやってみなければわかりませんので、リサーチや勉強もある程度進めたら、1秒でも早く実践して、わからないことを調べ、先輩方に聞いていきましょう。

成功者になる人たらし術

成功するための近道には「人たらし」になる方法があります。具体的には以下の流れです。

- ・実績を見て、誰と付き合えば良いかを精査する
- ・その成功者と仲良くなり、どうやって成功できたかを深く聞く
- ・成功者にアドバイスをもらったときには素直に受け入れる
- ・単に話を聞くだけでなく、すぐに実践して報告する

また、**目標とする師匠がよく顔を出している場に自分も足を運ぶ**ことも重要です。できるだけ大人数の場ではなく、少人数で話せる場に参加し、自分の得意分野（遊びの場や、飲み会の場など）に巻き込むのがお勧めです。

そして、一緒にいたら楽しい場になるような立ち振る舞いや対応を常に心がけ、手伝うことがあれば率先して手伝い、顔を覚えてもらうことも効果的です。相談したいことがあっても、すぐに聞かずにグッとこらえて、人間関係ができたうえでお酒の場など聞きやすい雰囲気のときに、さりげなく聞いたりお願いしたりします。

こうした「人たらし術」を私はサラリーマンの営業時代に学びました。

私の実体験をお話しすると、関西で初期のころに参加した不動産投資のメンバーが集まっている中で、突出して成果を出している方を見掛けました。

当時は区分マンションを持っている人が大半だったなか、一棟物件をいくつも所有している人が何名かいたので、懇親会でその方たちと仲良くなったうえでどんな勉強をしているか聞きました。すると、その勉強会ではなく、別の大家の会に参加されていることがわかり、私はそこに足を運ぶことにしました。

その別の大家の会に参加してみると、一棟物件を保有している方ばかりが参加されていて、**一気に参加者のレベルも勉強会のレベルも上がった**ことを実感しましたし、そのおかげで私も成長することができました。

よく**「環境や付き合う人を変えることの重要性」**をいわれますが、それを肌で実感した出来事です。

自分の事業に集中し、再投資する

ここでは、セミナーでよく話す私の体験談をお伝えします。

私は2014年に脱サラしました。当時のメイン事業は物販でしたが、その後は民泊事業にも取り組み、フランチャイズのカーコーティング事業も始めた結果、2015年には「物販」と「民泊」と「コーティング」の3つの事業に取り組んでいたものの、どれも大きな成果が上がらずに中途半端な状況でした。

特に、コーティング事業は時間と手間がかかっているにもかかわらず、毎月赤字という悲惨な状況が続いていたため、最終的には500万円の赤字で撤退しました。

ただそれでも、翌年からは物販のほうもほぼ手をつけず、一番収益が上がった民泊事業と、その関連の情報発信やセミナーに集中したことで、売上利益は倍増しました。

この経験から言えるのは**「事業初期の段階は、いろいろなことに手を出すのではなく、1つに絞るほうが結果は出やすい」**ということです。

事業をしていると、「手間をかけずに資産を増やせる方法はないか」と考えて、他の事業や投資案件に手を出してしまい、結果的にお金を失ってしまう方も少なくありません。

しかし、**初期段階で特に優先すべきは自己投資**です。

自己投資とは、自分が学んで実践することはもちろん、**自分がやっている事業に対して投資すること**も大切です。たとえば、宿泊事業で利益が出ているのなら、その利益を元に次の宿泊事業への投資を増やすなどです。

私もいろいろと回り道をしながら複数の事業に取り組み、さまざまな投資をしてきましたが、最も利回りが高い投資は、**自分がやる事業への投資**だと痛感します。利益が出たとしても別の事業への投資は、特に初期段階だと投資効率が悪くなってしまいます。

事業がある程度うまくいき大きくなるまでは、自分の知識や経験にくわえ自分の事業に再投資していくのが、最終的には最もリターンが大きくなるでしょう。

事業と不動産の両方を知る

本書では民泊と不動産投資をテーマに解説してきましたが、市況の浮き沈みはどんな業界・業種でも共通して起こります。

短期的にみると利回り・収益性は非常に高くても、中長期的には厳しい状況になる可能性もあります。実際、宿泊事業はコロナ禍で一気に売上が下がりました。

ですから、まずは宿泊事業で売上をつくることは非常に大切ですが、実績を元に融資を受けて運転資金を引っ張ったり、不動産を購入したりして事業をより安定させることが重要です。

多くの場合、ビジネスをしている人は「事業が一番良い」と言いますし、不動産投資をしている人は「不動産賃貸業が一番良い」と言うものです。

しかし、実際は「どちらか」ではなく「どちらも」大切です。

事業で短期的に売上を作って利益を上げ、資金と良い決算書を作れたら、その実績を元に不動産で安定的な収益を確保します。こうすることで、長くビジネスを続けることができます。

この流れは別業種の大企業でもしていることです。具体名は出しませんが、全くの別業種で有名な企業でも、不動産部門を作り、そこで不動産賃貸業や不動産売買をして利益を上げている企業は少なくありません。

大企業でもやっていることを、同じようにモデリングしていくだけです。

まずは何かしらの**事業で売上、利益を上げていく**。その実績をもとに、少しずつでも**安定収益の不動産を購入していく**。非常にシンプルですが、王道で非常に安定しやすいビジネス展開だと言えるでしょう。

独立成功する素質とは?

ここからは私が考える「**独立して成功できる人の素質**」についてポイントをお伝えします。

●自ら考えて行動できる人

まずは自分から率先して行動できる人です。

これはサラリーマンでも同じことがいえますが、指示されたことをできる方は多いですが、そこから一歩突っ込んで、自ら考えて行動できる方は少ないです。それができる人は組織の中でも、それなりのポジションでリーダーシップを発揮して活躍されているでしょう。

独立して自分で事業をやる場合は、誰も指示してくれません。自ら考え、実践し続けなければなりません。サボろうと思えばいくらでもサボれますが、代わりに頑張らなかったツケはすべて自分に返ってきます。

私もサラリーマン時代は仕事を与えられる立場だったのが、独立後は仕事を創る立場になってかなり戸惑いました。今では仕事量も把握しながら仕事を創り、それぞれ人に振ることにより、自分で解決できるようになりました。**サラリーマン時代に自分で考え、行動していたおかげ**だと思います。

どんな仕事でも適当にやらず、真剣に向き合って解決していけば、その経験は独立後でも必ず役に立ちます。

●決断力があり他責にしない人

独立して自分のビジネスをしていると、日々決断が求められます。

会社員なら判断が難しいときは会議を開いて多数決で決めるなど、自分でしなくても良い仕組みがあります。

しかし、自分で事業を行う場合は、決断しなければなりませんし、責任も他の人に押し付けられません。

ただ、**失敗しても「自分で決断した結果である」と真摯に受け入れて、**同じ間違いはしないように反省して次につなげることができます。

ビジネスは試行錯誤の連続で、失敗が常に付きまとうもの、そこから背を向けずに受け入れることが重要です。

●データ、人、歴史から学べる人

「ビジネスに失敗は常に付きまとう」と書きましたが、もちろん事前に避けられるならそれに越したことはありません。

現代はさまざまな方法で**データを集められる**ので、それを徹底的に調べて分析しましょう。意外と調べない方も多いのですが、それでは失敗リスクは高いままです。

情報収集・分析したら、**既に実践している人を見つけて直接話を聞く**と、質の高い一次情報が手に入ります。

そして、取り組んでいる**ビジネスの歴史や状況を把握**しておき、今後どうなるのかの見通しも想定しておくことが大切です。

●問題解決能力の高い人

これは他の仕事でも重視されるスキルです。

自分でビジネスを行うと、さまざまな問題が発生します。

その最前線に立って真摯に**問題がどこにあるのかを分析して、解決する能力は不可欠です。**問題から逃げていても勝手に解決することはありません。

ただ、たとえ自分で解決できなかったとしても、解決できる人を知っていて依頼する、また解決するための仕組みを作っておくのもポイントです。

たとえば、民泊運営している物件で水漏れが発生した場合、自分で対応できなかったら、業者に依頼してすぐに直せば問題解決になります。

さらに水害にも対応できる火災保険に加入していれば、あとは保険代理店にお任せできます。誰かにお願いしてでも問題を解決できれば良いので、そんなチームを組むのが理想ですね。

●現代社会の変化に柔軟に対応できる人

現代は変化が激しいため、**以前の常識が現代の非常識である**ことも珍しくありません。

常に新しいサービスや仕組みも出ていますので、まず取り組んでみるのも良いですし、使った人の話を聞くだけでも良いでしょう。

いずれにせよ、「自分はもうついていけない」と匙《さじ》を投げてしまうと、その時代に取り残されてしまいます。

私は今回民泊・宿泊事業の本を出版しましたが、これらは始まって10年も経っていないサービスです。

Ａｉｒｂｎｂというプラットフォームができてから、民泊という仕組みができたわけですが、当時の私も興味を持っていち早く取り組んだ結果、宿泊事業である程度の結果が出せて今の事業につなげることができました。わからない部分ばかりでしたが、柔軟に対応したからこそ成果が出せたと思っています。

今後もＡｉｒｂｎｂだけでなく、さまざまなサービスが登場するでしょう。その際、**拒否感を持たず柔軟に取り組んで対応すること**で、今後の激動の時代にも対応できるのではないでしょうか。

現代は変化が激しい時代ですが、だからこそチャンスが多い時代でもあります。これからの方こそ、新しいサービスにいち早く取り組んで、次のチャンスを生かして飛躍していきましょう。

おわりに

本書を最後までお読みいただき、誠にありがとうございました。
最後に私が主催する**民泊&不動産コミュニティー（MPA）**の話を少しさせてください。

2023年の2月、久々の海外ツアーを開催しまして、20人以上のコミュニティーメンバーと共に、1週間ほどタイに行ってきました。自由人が多く実にユニークな仲間たちです。現地集合で観光バスを貸し切って、物件見学や情報交換などしまして、トラブルがありながらも充実した時間を過ごすことができました。
また、来年の2024年の春にMPAのメンバーで南米へ行き、マチュピチュやウユニ塩湖に行くツアーを提案したところ、1年先の予定なのに20名以上の方が手を挙げてくれました。

このメンバーは民泊運営、民泊運営代行、不動産投資家、不動産業者、その他事業経営者、サラリーマンの副業実践者など肩書きは多岐にわたりますが、1つ共通しているのは**〝コロナ禍を耐え抜いた猛者たち〟**ということです。

多くの民泊コミュニティーが、厳しい状況に耐え切れず解散した話も耳にしましたが、うちのコミュニティーに関しては、一時期は120人近くまで減ったものの、現在ではコロナ前を超えて200人近い会員数となりました。

これは民泊関連の有料コミュニティーにおいて国内最大規模であり、メンバーの質も日本トップレベルであると自負しています。

しかも、実践者が多数を占めるため、トラブルやわからないことがあって相談したときは、かなり質の高い回答が返ってくるのです。これには私自身も日々勉強になっています。

そんな面白いメンバーと切磋琢磨技し、「もっと頑張らねば……」と奮起したおかげで事業拡大ができていますし、メンバー全員が圧倒的な結果を出して、私以上に伸びている方も大勢います。

うまくいっている方の共通点はネット上だけでなく、リアルな交流の場にも積極的に参加して、密に情報交換をしていること。

本はきっかけにはなりますが、本当に人生を変えるのは、「誰と付き合うか？」という環境からの影響がかなり大きいと感じます。


また、私がこの本で伝えたいのは、単なるノウハウではありません。

民泊と不動産投資に取り組むことで、**自分の人生を変えられた人たちが、私以外にも大勢いる**という事実を伝えたいのです。

もちろん本書を読んでくださった、あなたにもきっとできます。

未来に不安を抱いていて、「このままではいけない」いう気持ちがあり、行動力があるあなたなら、未来を変えて素晴らしい人生を実現することができるでしょう。

そんなあなたと、どこかでお会いできることを楽しみにしております。

２０２３年３月吉日

新山 彰二

『豪華3大特典付き』 LINE公式アカウントのご案内

特典はすべて著者新山のLINE公式アカウントでも、
随時ご案内しますので、ご登録下さいませ。

http://line.me/ti/p/%40arayama

特典 1 新山の売却実例集＆インタビューノーカット版配布

私にとって転機となった、民泊物件などの物件売却実例をまとめた資料をプレゼントします。いくらで購入していくら費用をかけて手直しをした上で、どんな物件に仕上げて、最終いくらで売れたのかなど、リアルな金額と物件写真付きで解説します。
また、紙面の関係で残念ながら一部カットとなってしまった、６人の成功者インタビューのノーカット版も合わせてお送りいたします。

特典 2 出版記念セミナーへの参加権利＆動画配布

本書出版を記念しまして、2023 年中に出版記念セミナーを開催します。対面でないと話づらい過去の売買事例や、金融機関の融資情報などもこのセミナーだけでお話する予定です。本書が入場チケットになりますので、ご持参下さいませ。（※別途参加費が必要になります）
また Amazon レビューいただきましたら、出版記念セミナーの特別動画を収録後に配布させていただきます。

特典 3 MPA 一般参加セミナーの無料招待

全国各地で開催しております、MPA の一般参加ができるセミナーに、初回のみ無料でご招待させていただきます。下記 URL から本書購入時のレシートか購入履歴を画像で添付していただければ、無料招待いたします。
※懇親会も参加の場合は、別途費用が必要になります。

https://goo.gl/xvSydU

また上記以外のご用件、講演、執筆、その他業務の依頼については
次のメールアドレスにてお問合せくださいませ。

airbnb.plot@gmail.com

●取材協力

Laugh Place株式会社
日本おそうじ代行（榊原啓祐さん）

https://nihon-osoujidaikou.com

一番弟子@Twitter（一番弟子さん）

https://twitter.com/nnsk_fudosan

株式会社リレスト（恭平さん）

https://www.lirest.info/

関東大家の交流会（バランス大家さん）

https://bit.ly/3WiwRQG

株式会社YSM VILLAGERS（志村尚太さん）

https://ysmvillagers.jp/

bijou_suites（岸本和也さん）

https://www.instagram.com/bijou_suites/

Air Global agency. Japan.（近江幸生さん）

https://www.Kagi-net.com

●著者紹介

新山 彰二（あらやま・しょうじ）

1981年北海道札幌生まれ。大学卒業後、システム会社に勤務する傍ら、副業で不動産投資と物販を開始。2014年、物販事業で独立後にAirbnbを知り、いち早く民泊事業に取り組むことで、2015年12月には10部屋で売上280万円、利益150万円を達成した。2016年からはメルマガやブログ、LINE@などで情報発信を始め、セミナーや個別コンサルも平行して行うようになり、2017年6月には出版実績を元に毎月全国各地でセミナーやツアーを通して民泊を学べるコミュニティー『民泊プレイヤーズアカデミー(MPA)』を立ち上げ、順調に会員数を伸ばしていった。

ただ2020年のコロナ禍では民泊やコミュニティー事業が大打撃を受けるも、コロナ融資や補助金での支援もあって不動産賃貸業での実績を伸ばし、コミュニティー名も『民泊&マルチプレイヤーズアカデミー(MPA)』と変え、民泊だけではなく不動産投資やレンタルスペース、グランピング関連など幅広いジャンルを学べる場に変わってきたことから参加メンバーも増え、2023年5月現在240名以上が参加する民泊関連では日本最大のコミュニティーとなっている。

著者自身の実績としては、現役の事業&投資家として不動産売買・賃貸収入・民泊売上・コミュニティー事業を合わせておよそ年商2.3億円。

著書に『特区民泊で成功する!民泊のはじめ方』（秀和システム）がある。

民泊&マルチプレイヤーズアカデミー(MPA)
https://airbnb-plot.com/mpa/

編集協力　布施ゆき
書籍コーディネート　インプルーブ　小山　睦男

インバウンド需要をチャンスに変える! **民泊×不動産投資**

2023年 4 月22日　初版発行
2023年 6 月 2 日　初版第 2 刷発行
2023年11月 4 日　初版第 3 刷発行
2024年11月26日　初版第 4 刷発行

著　者　　新山 彰二
発行人　　今井　修
印　刷　　モリモト印刷株式会社
発行所　　プラチナ出版株式会社
〒104-0031　東京都中央区京橋 3 丁目 9-7
京橋鈴木ビル 7 F
TEL　03-3561-0200　FAX　03-6264-4644
https://www.platinum-pub.co.jp/

ISBN 978-4-909357-85-4